31 自分の行動 …… 60
32 差別や偏見《へんけん》をなくそう …… 62
33 公正・公平な態度《たいど》 …… 64
34 ✻ 実社会での法やきまり …… 66
35 ✻ 現代社会の問題 …… 68

36 自分たちの学校 …… 70
37 あなたが暮《く》らす日本 …… 72
38 地域《ちいき》と連携《れんけい》した活動計画づくり …… 74
39 ✻ 文化祭などの具体的な活動計画 …… 76

40 楽しい集会の計画を立てよう　～企画《きかく》立案の手順～ …… 78
◆ 自己《じこ》アピールしよう …… 80
41 発表会を開こう …… 82
42 インターネットの活用 …… 84
43 ✻ プレゼンテーション力をつける …… 86

44 生き方　～夢《ゆめ》に向かって～ …… 88
◆ 偉人《いじん》や先人から学ぶ　～偉人伝～ …… 90
45 ✻ 偉大《いだい》な先輩《せんぱい》から学ぶ …… 92
46 ✻ 生きていくための道しるべ　～『論語《ろんご》』から学ぶ～ …… 94
47 ✻ 生き方の手本となる人物を見つける …… 96

48 一人の力が大きな力に …… 98
49 ボランティア活動の体験をしよう …… 100
50 ✻ 集団における役割と責任 …… 102

51 ✻ 現在の消費における問題 …… 104
☆ スチューデント・シティ・プログラム　～経済《けいざい》体験学習～ …… 106
★ ✻ キャップス・プログラム　～経営体験学習～ …… 107

52 仕事って何？　働くってどういうこと？ …… 108
53 ✻ 仕事を成功させるために必要な力 …… 110
54 その道の達人に学ぶ〈1〉 …… 112
55 ✻ 職場訪問をしてみよう …… 114
56 ✻ その道の達人に学ぶ〈2〉 …… 116

1 正しい判断力《はんだんりょく》を身につけよう

学習のねらい ★物事を正しく判断し，意思決定をすることができる。

ステップ1 こんなとき，どうしていますか。

■帰ったらすぐに宿題をやると決めたのに，家に帰ったらめんどうになってしまった。

■廊下《ろうか》にごみが落ちている。

■学校の窓《まど》ガラスにボールがぶつかって，割《わ》れてしまった。だれも見ていない。

■電車ですわっていたら，お年寄《としよ》りが近づいてきた。

■赤信号だけど，車は全然来ない。

ステップ 2

正しい判断とは，人として正しい行いかどうか考えることである。

・やっていいことか。
・めいわくをかける人はいないか。
・いやな思いをする人はいないか。
・自分の良心は痛《いた》まないか。
・後悔《こうかい》しないか。

★自分の心の中にある良心

「このままじゃいけない。」
「気持ちがすっきりしない。」

だれだって，こんな気持ちになったことがあると思います。それは，あなたの正しい心が，あなたに正しいことをするように送っている大切なサインです。

あなたの中の正しい心に従《したが》って行動することは，あなたの生き方につながっていきます。

ステップ 3 トレーニング

●だれも見ていないときにした〈わたしのよい行い〉について，思い出してみましょう。
・そのとき，どんな気持ちだったでしょうか。

●心の中を正直に見つめてみましょう。
・良心に従って，よい行いをして心がすっきりしたこと。
・自分の心にうそをついてしまったこと。

〈わたしのよい行い〉

その１
その２
その３
その４
その５

ステップ 4 実践《じっせん》・活用

●何かを行うときには，それが正しいかどうかをいつも考えながら行動していきましょう。

ステップ 5 まとめ・自己評価《じこひょうか》

●あなたは，正しく判断することができますか。
●自分の判断に責任《せきにん》をもつことができますか。

名言・名句《めいく》

積善《せきぜん》の家には必ず余慶《よけい》有り。（出典：易経《えききょう》）

善《よ》い行いを積み重ねてきた家には，その報《むく》いとして必ず思いがけない幸福がまいこみ，それは子孫にまでおよんでくるという教え。

美しい行いを心からほめることは，いわば自分もその美しい行いにたずさわることだ。

＊ラ・ロシュフコー（フランス　1613～1680年）

2 自分の生活を見つめよう

学習のねらい ★自分の生活を見直し，健康的な食習慣《しょくしゅうかん》を身につけることができる。

ステップ1 自分の生活をふり返ってみましょう。

生活習慣チェック表

○×	項目《こうもく》	○×	項目
	1．食事時間は規則《きそく》正しい。		8．ねつきがよい。
	2．朝食は必ずとる。		9．朝の目覚めはよい。
	3．間食はあまりしない。		10．外出後は手洗《あら》い・うがいをする。
	4．夕食で毎日野菜を食べている。		11．体を動かすことが好き。
	5．インスタント食品はあまり食べない。		12．定期的に運動している。
	6．毎日7時間以上ねている。		13．休み時間は外で遊んでいる。
	7．よくかみ，ゆっくり食べる。		14．ストレスを感じていない。

●上のチェック表で×がついた項目は生活習慣を見直す必要があります。

[朝食と全国学力・学習状況調査《じょうきょうちょうさ》における平均正答率《へいきんせいとうりつ》との関係]

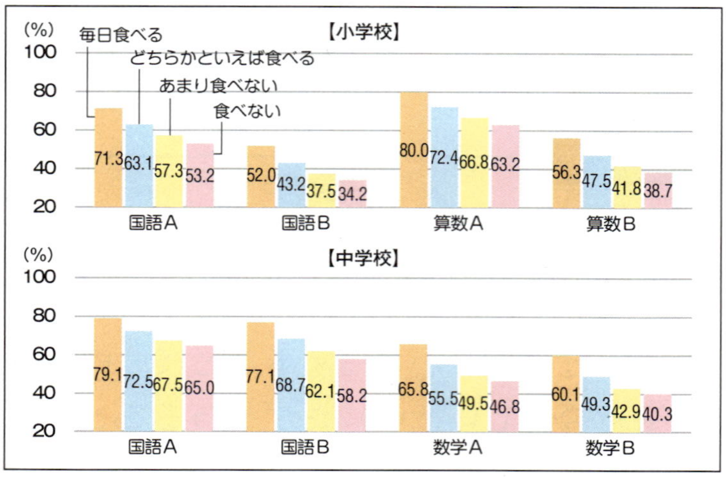

（文部科学省「平成21年度 全国学力・学習状況調査」より）

[肥満傾向児《ひまんけいこうじ》の割合《わりあい》]

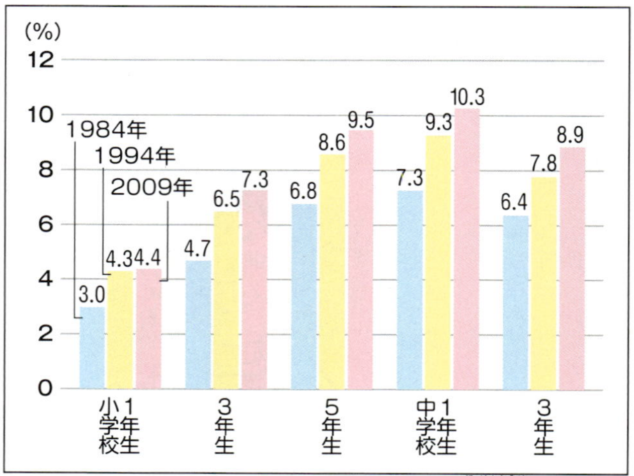

（文部科学省「学校保健統計《ほけんとうけい》調査」より）

●「生活習慣病」を知っていますか。

・生活習慣病とは，食生活や運動不足などの生活習慣が原因《げんいん》で発症《はっしょう》する病気のことです。
・日本人の6割近くが生活習慣病によってなくなっています。
・近年，子どもの生活習慣病患者《かんじゃ》が増《ふ》えています。

ステップ2　自分の生活を自分で管理する。

●日本の食生活が変化しています。世界の食料事情《じじょう》にも目を向けてみましょう。

食料自給率が高かったころの食事（1960年ごろ）

現在《げんざい》の食事

[各国の食料自給率の推移《すいい》]

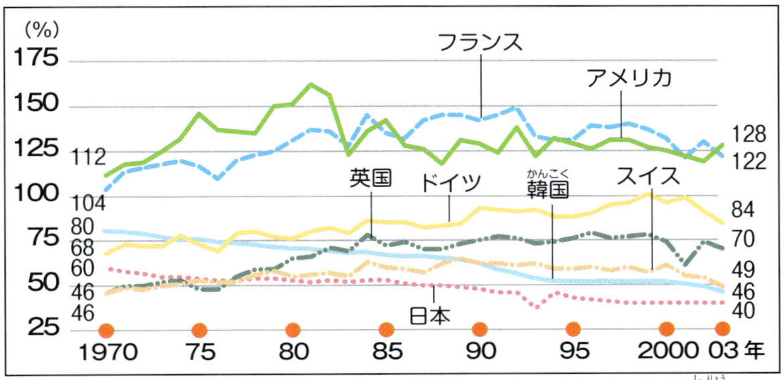

（農林水産省資料《しりょう》より）

[日米平均総《そう》コレステロール値《ち》の推移（成人）]

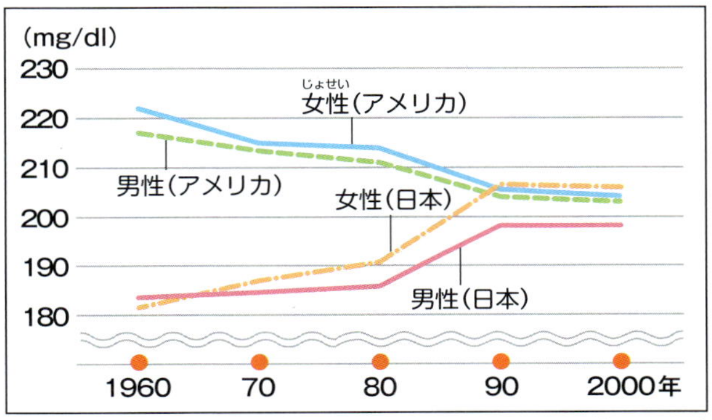

（米国国民健康栄養調査〈NHANES〉
厚生《こうせい》労働省「第５次循環器疾患《じゅんかんきしっかん》基礎《きそ》調査」などより作成。一部改変）

ステップ3　トレーニング

●健康的な食習慣を身につけるために大切なことは何か，調べてみましょう。

●生活習慣チェック表に家庭科で学んだこと，家族と話し合って決めたことなどを加えて，１週間実行してみましょう。

ステップ4　実践《じっせん》・活用

●生活習慣病の予防《よぼう》には，食事・運動・休養・すいみんの調和のとれた生活が大切です。

【生活習慣病予防の基本《きほん》】

1．１日3食（特に朝食）を食べよう。
2．好ききらいしないでバランスよく食べよう。
3．体を動かそう。

ステップ5　まとめ・自己評価《じこひょうか》

●健康的な生活が送れましたか。ステップ3で立てた目標をふり返りましょう。

●ふり返ってみて，どこを改善《かいぜん》しようと思いましたか。

3 ストレス・なやみの解消《かいしょう》方法

学習のねらい ★心の健康づくりについての知識《ちしき》をもち，自分に合った方法で解消することができる。

ステップ1 困難《こんなん》にぶつからない人はいません。心にたまったストレスやなやみをどうしていますか。

心のはたらき
ストレス反応《はんのう》
・なぜいつもぼくだけ…
・わたしは悪くないのに…
・だれも聞いてくれない…
・話をわかってくれる友達がいない…
・呼《よ》んでも無視《むし》される…

ステップ2 自分の心と正面から向き合う。

ステップ3 トレーニング

- 『ストレスマネジメント』の方法と仕組みを理解《りかい》しましょう。

『ストレスマネジメント』とは，自分のストレスを自分で管理することをいいます。

- ストレスの原因《げんいん》には，どのようなものがあるでしょうか。
  - ・友達関係の不安　　・将来《しょうらい》への不安
  - ・短気な自分の感情《かんじょう》　　・困難からにげようとする弱い心
- ストレスを解消するために次のようなことをしていませんか。
  - ・責任《せきにん》を他人に負わせる。逆《ぎゃく》に人を傷《きず》つける。
  - ・自分の手に負えないと考え，あきらめる。
  - ・その場からにげることばかり考える。
- 自分でできる解消方法を探《さが》してみましょう。

好きな音楽をききましょう。

大きく深呼吸《しんこきゅう》をしましょう。

外に出て，
体を動かしましょう。

自然の中でのんびり
過《す》ごしましょう。

自分の思いをできるだけ
伝える方法を考えましょう。
(どうせだめだと思わずに)

イライラをほぐしましょう

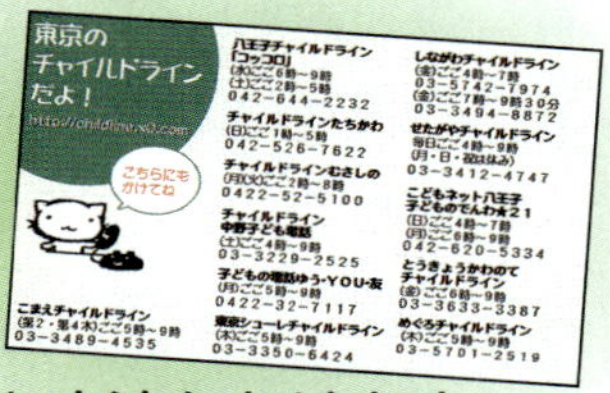

「落ち着け。イライラしない。」
と，自分に言いましょう。

子どもたちでも相談できます。
品川児童相談所
電話　03(3474)5442

こんな方法もあります。

ステップ4 実践《じっせん》・活用

- 困《こま》ったことがあったら，気分を変えたり，友達や先生に相談したりしていきましょう。

ステップ5 まとめ・自己評価《じこひょうか》

- 自分に合った，ストレスやなやみの解消方法は見つかりましたか。
- 人とのかかわりの中で，ストレスやなやみを解消できた経験《けいけん》はありますか。

4

7年生

行動についての善悪の判断

学習のねらい ★物事を適切に判断し，意思決定に責任をもつことができる。

ステップ1 下の写真と記事は，2004（平成16）年に開催《かいさい》されたアテネオリンピックでの出来事です。
次のテーマをふまえ，善悪の判断について考えてみましょう。

〈テーマ〉

①社会的責任について　②道義的責任について

寂《さび》しい「金」　室伏《むろふし》繰《く》り上げ
「大切なのは努力」

史上最多タイとなる日本勢十六個目の金メダルは，ドーピング（禁止薬物使用）による繰り上げという後味の悪いものとなった。男子ハンマー投げで優勝したアドリアン・アヌシュ選手（31）（ハンガリー）の薬物検査をめぐり，国際オリンピック委員会（IOC）は二十九日，金メダルはく奪《だつ》を決定した。「金メダルはうれしいが，金より重要なものがあると思う」。繰り上げでの金メダルとなった室伏広治《こうじ》選手（29）（ミズノ）は複雑な表情を崩《くず》さなかった。

午後六時半（日本時間三十日午前零時《れいじ》半）に始まった会見の冒頭《ぼうとう》，室伏選手は，「努力して毎日，練習に耐《た》えてやってきた結果が，このような形になった。金メダルという結果を残すことができ，うれしいと思います」と話した。

言葉とは裏腹に，笑顔《えがお》はない。時折，目を伏《ふ》せながら，「メダルの色はいろいろあるが，大切なのは，それに向かって努力していくことだと思う」と続けた。

続けて，「みなさんに見てもらいたいものがある」と言って，一枚の紙を配った。アテネ五輪でメダルの裏側に古代ギリシャ語で書かれているピンダロスの詩を訳したものだった。

ゆっくりと読み上げた。不正行為《こうい》のない戦いの大切さを訴《うった》える気持ちがにじむ。室伏選手は，「真実の中で試合が行われるのが本当に大切なことだと思う」とその意味を説明した。

ライバルであると同時に友人でもあったアヌシュ選手との戦いの中に薬物が持ち込《こ》まれたことについて，「悔《くや》しいというより，さみしい気がします」と，悲しそうな表情を見せた。

ピンダロス　紀元前五〇〇年ごろの古代ギリシャの叙情《じょじょう》詩人。十七巻に及《およ》ぶ詩歌集を残したが，そのうち古代五輪など四大競技別に勝者をたたえる歌をまとめた四巻で知られる。競技の内容や神話的な背景などを後世に伝えた。七十六年ぶりに一新されたアテネ五輪のメダルの裏には，室伏選手が読み上げた詩が刻まれている。

（2004年8月30日　読売新聞）

ステップ 2 社会的に正しい行動を心がける。

●自分の行動には常に責任をもたなければいけません。そのためには，正しい判断基準をもつことが重要です。

ステップ 3 トレーニング

●次のようなとき，あなたの判断基準はどこにあるか，考えてみましょう。
・下校途中《とちゅう》でお店に立ち寄って，お菓子《かし》を買って食べることについて。
・優先席付近での携帯《けいたい》電話の使用について。
・私服のとき，子ども料金で電車の運賃を払《はら》うことについて。
・お酒，タバコについて。

●その他，いろいろな場面について，考えてみましょう。

●自分の日ごろの行動を振《ふ》り返って，さまざまな場面での判断力を身につけましょう。

ステップ 4 実践《じっせん》・活用

●自分の日々の生活での行動を見直し，友達どうしでも判断基準について話し合っていきましょう。

ステップ 5 まとめ・自己評価

●自分の判断や行動は，社会的に正しいと思いますか。

●自分の判断や行動に責任をもっていますか。

5 場に応《おう》じた行動の仕方

学習のねらい

★家庭・学校・地域《ちいき》，公共の場などに応じたマナーやエチケットがあることを知り，そのときの状況《じょうきょう》に合った行動をとることができる。

ステップ1 次のような場面でのマナーやエチケットについて，考えてみましょう。

○○小学校の○○と申します。今日はインタビューのお願いに参りました。
今，お時間よろしいでしょうか。

WC

○○コンビ

それぞれの場面での、相手の気持ちを考えてみよう。

ステップ 2　マナーやエチケットは，みんなが気持ちよく生きるためにある。

●マナーやエチケットは，だれのためにあるのでしょう。マナーやエチケットのない社会を想像《そうぞう》してみましょう。

ミニもの知りコーナー

TPOという言葉を知っていますか。

TはTime《タイム》（時間），PはPlace《プレース》（場所），OはOccasion《オケージョン》（場合）の略《りゃく》で，時や場所，場合に応じた服装《ふくそう》などをすることの意味です。場にふさわしい行動を考えるときの，一つのめやすになります。

ステップ 3　トレーニング

●右のイラストを見て，なぜその場にふさわしくない行動なのか，考えてみましょう。

●学校や家庭，地域，社会には，どのようなマナーやエチケットがありますか。行動や服装，言葉づかいなどから考えてみましょう。

ミニもの知りコーナー

いろいろな敬語《けいご》（尊敬《そんけい》語，謙譲《けんじょう》語，丁寧《ていねい》語）

来る→いらっしゃる　　行く→うかがう

話す→おっしゃる　　言う→申しあげる

～する→～なさる

～だ→～です　～ます　など

★言葉づかいに気を配れる人になりましょう。

ステップ 4　実践《じっせん》・活用

●TPOにふさわしい行動を心がけるようにしていきましょう。

●どんなときに，どんなことに気をつければよいのかを考えて生活していきましょう。

どんなとき	どんなことに気をつけるか
校外学習に出かけるときの電車の中で。	・席をゆずる。 ・乗り降《お》りのマナーを守る。 ・荷物は背負《せお》わないでかかえる。
電話に出るとき。	・「出かけております。」「少々お待ちください。」などと，ていねいな言葉で話す。

ステップ 5　まとめ・自己評価《じこひょうか》

●学校や家庭，地域の中で，マナーやエチケットを守ることができましたか。

●マナーやエチケットを守って，生活することの大切さが理解《りかい》できましたか。

6 情報《じょうほう》についての正しい理解《りかい》〈1〉

学習のねらい ★情報機器のよさと危険性《きけんせい》を理解し，目的に合った情報を集め，正しく選ぶことができる。

ステップ 1

「インターネット」とはどのようなものでしょう。次の資《し》料《りょう》から考えてみましょう。

[インターネット利用者数の推移《すいい》]

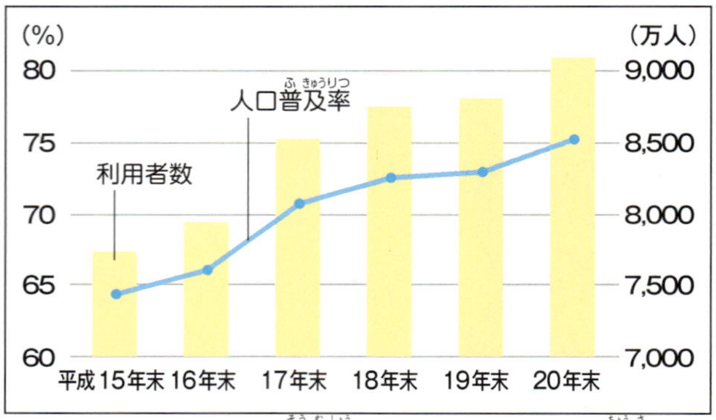

（総務省《そうむしょう》「平成20年 通信利用動向調査《ちょうさ》」より）

[サイバー犯罪《はんざい》の検挙件数《けんきょけんすう》の推移]

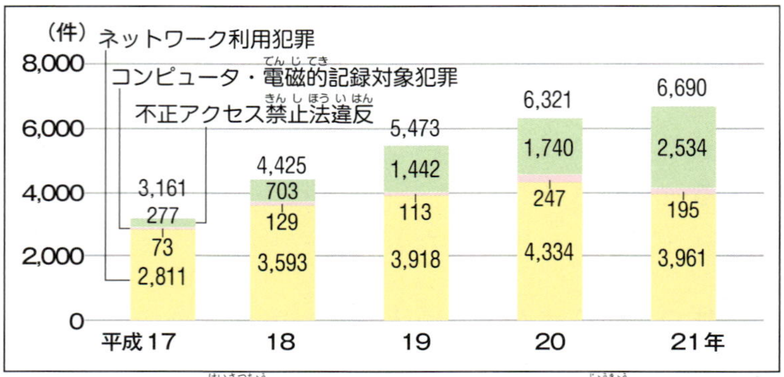

（警察庁《けいさつちょう》「平成21年中のサイバー犯罪の検挙状況《じょうきょう》等について」より）

ステップ 2

情報機器を活用するためには，目的に合った正しい判断《はんだん》が必要である。

●次のようなとき，あなたはどのような判断をしてどのような行動がとれますか。

①小学校6年生のN子さんの将来《しょうらい》の夢《ゆめ》は歌手になることです。インターネットを見ていて次のようなサイトを見つけました。

☆★☆モデル募集《ぼしゅう》☆★☆

モデルからスターを目ざしてみませんか?!　あなたの顔写真をお送りください。お友達を紹介《しょうかい》してくださった方には，プレゼントをさしあげます。写真審査《しんさ》に合格《ごうかく》した人には，ご連絡《れんらく》いたします。
明るくてやる気のある方，ご応募《おうぼ》お待ちしております！

②興味《きょうみ》をもったN子さんは説明にそって，自分と友達のプロフィールを登録しました。

③数日後，審査に合格したことがメールでわかり，N子さんは大喜びです。

④駅前で待ち合わせをして，芸能《げいのう》プロダクションの人と話をしますが…

●何がいけなかったのでしょうか。話し合ってみましょう。

ステップ3　トレーニング

●インターネットの危険性について体験してみましょう。

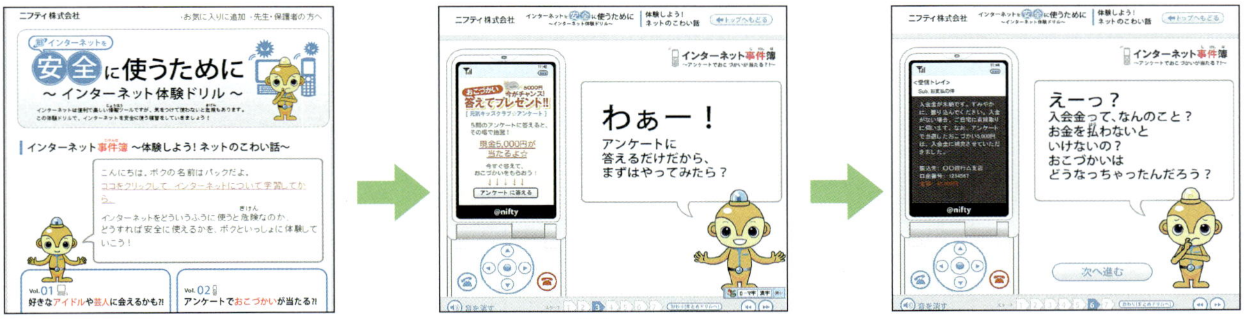

（ニフティ株式会社《かぶしき》「インターネット体験ドリル」http://www.nifty.co.jp/csr/edu/school/）

ステップ4　実践《じっせん》・活用

●インターネットなどの情報手段《しゅだん》を活用するときに気をつける約束ごとを守りましょう。

・情報を得るときは，いつの情報か，だれがのせている情報かを必ず確《たし》かめ，正しい情報を得るように気をつける。

・インターネットやメールを使う場合は，家の人と相談し，ルールを決めて使う。

・自分や友達の個人《こじん》情報をむやみに人に教えない。

・インターネットで知り合った人に会いに行かない。

ステップ5　まとめ・自己評価《じこひょうか》

●情報のよさと危険性が理解できましたか。

●インターネットなどの情報手段を使うときの約束ごとを守っていますか。

（イラスト ステップ1・ステップ2 林佳代子，ステップ3 コヤナギユウ）

7

7年生

情報についての正しい理解〈2〉

学習のねらい ★さまざまな情報機器を使ったコミュニケーションの，ルールやマナーについて理解する。

ステップ1

わたしたちの身近で起きている問題について話し合いましょう。情報機器を使ったコミュニケーションで，誤解やトラブルが発生した経験はありませんか。

[携帯《けいたい》電話でのメール送受信件数と就寝《しゅうしん》時間]

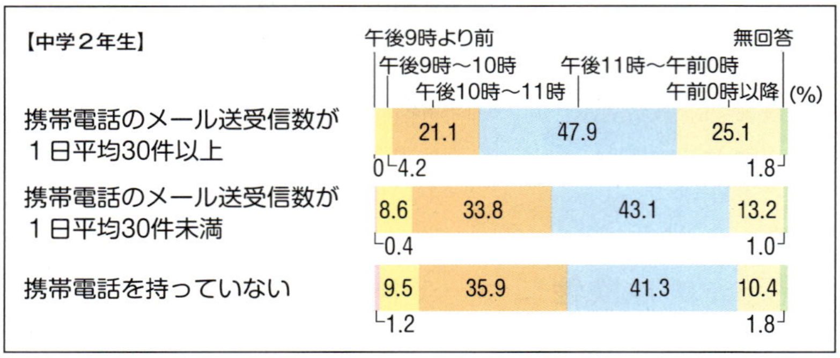

【中学２年生】
午後9時より前
午後9時～10時
午後10時～11時
午後11時～午前0時
午前0時以降
無回答
(%)
携帯電話のメール送受信数が１日平均30件以上
0
4.2
21.1
47.9
25.1
1.8
携帯電話のメール送受信数が１日平均30件未満
0.4
8.6
33.8
43.1
13.2
1.0
携帯電話を持っていない
1.2
9.5
35.9
41.3
10.4
1.8

（文部科学省「子どもの携帯電話等の利用に関する調査」より）

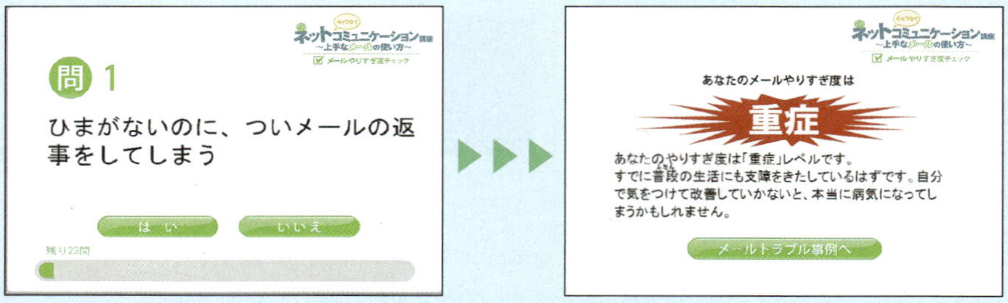

ネットコミュニケーション講座
～上手なメールの使い方～
メールやりすぎ度チェック
問1
ひまがないのに、ついメールの返事をしてしまう
はい
いいえ
残り23問
あなたのメールやりすぎ度は
重症
あなたのやりすぎ度は「重症」レベルです。
すでに普段《ふだん》の生活にも支障をきたしているはずです。自分で気をつけて改善していかないと、本当に病気になってしまうかもしれません。
メールトラブル事例へ

自分たちのメール依存度《いそんど》を調べてみましょう。

（ニフティ株式会社「心をつなぐネットコミュニケーション講座～上手なメールの使い方～」
メールやりすぎ度チェック　http://www.nifty.co.jp/csr/edu/nc/）

もうこんな時間…
メールしたのに返事くれないなんて，ひどくない？

ステップ2

情報機器を使ったコミュニケーションでは，その特性に応じたルールやマナーを守る必要がある。

●あなたは，１日の時間をどのように使っていますか。メールやインターネットをする時間はどのくらいあるのでしょうか。

[ある中学１年生の平日の１日の時間]

睡眠《すいみん》
朝食
身支度《みじたく》
学校・部活
塾《じゅく》 習いごと
夕食 おふろ
宿題
自由時間
睡眠
0時
6時
8時
19時
22時

●メールは一方通行です。あなたがメールを送ったとき，相手はテレビを見ている最中かもしれないし，おふろの中かもしれないし，勉強中かもしれません。

ステップ3 トレーニング

●いろいろな人の立場になってコミュニケーションを体験してみましょう。

（ニフティ株式会社 ネットコミュニケーション実践《じっせん》ロールプレイング「自分ならどうする？」 http://www.nifty.co.jp/csr/edu/nc/rp/）

●次のような場合，どのような行動（コミュニケーション）をとればよいか，考えてみましょう。

①友達のＡさんから，別の友達のＢさんのメールアドレスを教えて，とメールが来ました。

②友達とのメールのやりとりのなかで，クラスメートのＣ君の話題がエスカレートして悪口になってきました。

③友達から自分が呼ばれたくないニックネームで呼ばれたとき，あなたはどうしますか。

ステップ4 実践・活用

●情報機器を活用するときに気をつける約束ごとを守りましょう。

●言いにくいことを伝えるときほど，メールを使わず，直接会って話をしましょう。

ステップ5 まとめ・自己評価

●情報機器を使ってコミュニケーションを図《はか》るときのルールやマナーと，それに適した情報が何かを理解することができましたか。

（イラスト ぷろとん）

8

社会・生活環境《かんきょう》への関心

学習のねらい ★社会・生活環境について問題意識《いしき》をもち，よく考えて行動することができる。

ステップ1 学校や地域《ちいき》の環境問題を考えてみましょう。

【「しながわ版《ばん》家庭ISO」の目的】

地球温暖化《おんだんか》など，地球規模《きぼ》での環境問題の解決《かいけつ》に向け，将来《しょうらい》をになう子どもたちの，家庭での環境意識の向上と実践《じっせん》による環境負荷《ふか》の軽減《けいげん》をはかる。

ステップ 2　一人一人が地球の環境を守り，次の時代に残す責任《せきにん》がある。

●資源《しげん》が，あたりまえにあるという時代は終わりました。

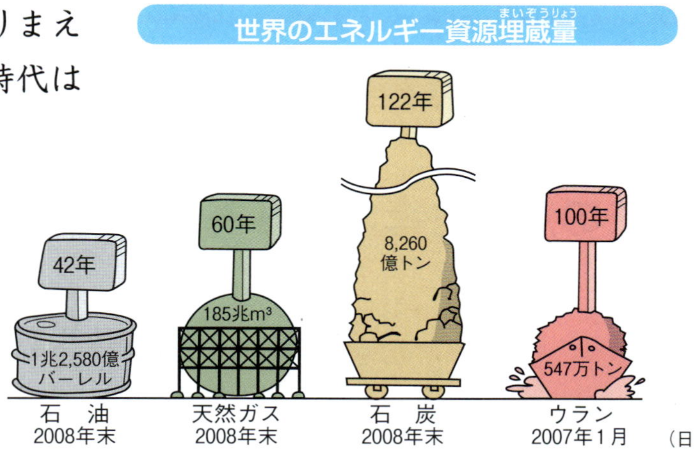

世界のエネルギー資源埋蔵量《まいぞうりょう》
42年
1兆2,580億バーレル
石　油
2008年末
60年
185兆m³
天然ガス
2008年末
122年
8,260億トン
石　炭
2008年末
100年
547万トン
ウラン
2007年1月

（日本原子力文化振興財団《しんこうざいだん》資料による）

わたしたち一人一人の力で環境を守っていこう。

ステップ 3　トレーニング

●学級でできることを話し合いましょう。

【できることから始めてみましょう】

①教室を移動《いどう》するときは，必ず，電気を消す，ごみは分別して捨《す》てるなど，自分たちでできることを調べてみましょう。

②学校全体で宣言《せんげん》して，組織的《そしきてき》に取り組んでみましょう。

●学校全体での取り組みを広げてみましょう。

・代表委員会や各委員会で，効果《こうか》の上がる取り組みを工夫《くふう》してみましょう。

●地域への発信方法を考えてみましょう。

・町会への呼《よ》びかけ（ポスター，ちらし），ホームページでの取り組みのしょうかい。

●地球環境の悪化について，調べてみましょう。

●少しでも改善《かいぜん》するために，自分やみんなでできることを考えてみましょう。

●町会の人々と話し合ってみましょう。

ステップ 4　実践・活用

●3R（リサイクル：再生《さいせい》，リデュース：ごみ減《へ》らし，リユース：再利用）を意識して生活していきましょう。

●月末にふり返り，成果と課題をまとめて提示《ていじ》していきましょう。（数字で表していきましょう。）

●スピーチや新聞などで，実践報告《ほうこく》や感想を発表しましょう。

ステップ 5　まとめ・自己評価《じこひょうか》

●成果と課題をまとめ，改善策《さく》を立てることができましたか。

●地域へ発信したあと，インタビューをしたり，アンケートをとったりして，地域の人々の反応《はんのう》をみましょう。地域とともに，環境の維持《いじ》に努めることができましたか。

9 人権《じんけん》問題について考えよう

学習のねらい ★差別や偏見《へんけん》のない世の中にすることの意義《いぎ》を理解《りかい》することができる。

ステップ1 次の資料《しりょう》を読み，その意味を考えてみましょう。

人権尊重《そんちょう》都市品川宣言《せんげん》

人間は生まれながらにして
自由であり，平等である
いかなる国や個人《こじん》も，いかなる理由であれ
絶対《ぜったい》にこれを侵《おか》すことはできない

幾多《いくた》の試練と犠牲《ぎせい》のもとに
日本国憲法《けんぽう》と世界人権宣言は
この人類普遍《ふへん》の原理をあらわし
人権の尊重が
国際《こくさい》社会の責務《せきむ》であることを明らかにした

今日，我《わ》が国社会の実情《じつじょう》は
いまだに差別意識《いしき》と偏見が
人々の暮《く》らしの中に深く根づき
部落差別をはじめ
障害者《しょうがいしゃ》，女性《じょせい》，先住民族，外国人への差別など
どれほど多くの人間が苦しんでいることか

人間がつくりあげた差別は
人間の理性と良心によって
必ずや解消《かいしょう》できることを
我々《われわれ》は確信《かくしん》する

平和で心ゆたかな
人間尊重の社会の実現《じつげん》をめざす品川区は
「人権尊重都市品川」を宣言し
差別の実態《じったい》の解消に努め
人権尊重思想の普及啓発《ふきゅうけいはつ》と教育を推進《すいしん》することを
ここに誓《ちか》う

1993年4月28日　品川区

食肉市場と同和問題とのかかわり

日本では昔，牛や豚《ぶた》の肉を食べることが「身がけがれる」といってきらわれ，食べてはいけないこととされてきました。また，生まれた時から自分の仕事や身分が決まってしまう仕組みがありました。そして，死んだ牛や馬を処理《しょり》し，皮を使った道具を作るのは被差別《ひさべつ》部落の人たちの仕事と決められてきたのです。そのため，肉をふくめて動物からものを作り出す仕事と被差別部落との間には深いかかわりが存在《そんざい》しました。

肉が普通《ふつう》に食べられる時代になっても，肉をつくる人たちに対するまちがった考えや気持ちが今も残るようになってしまったのです。

わたしたちが生きていくためには，他の動物の命をもらうということが自然の営《いとな》みであるということをきちんと理解することが大切です。

（『人権教育プログラム（学校教育編《へん》）』〈平成21年３月〉東京都教育委員会）

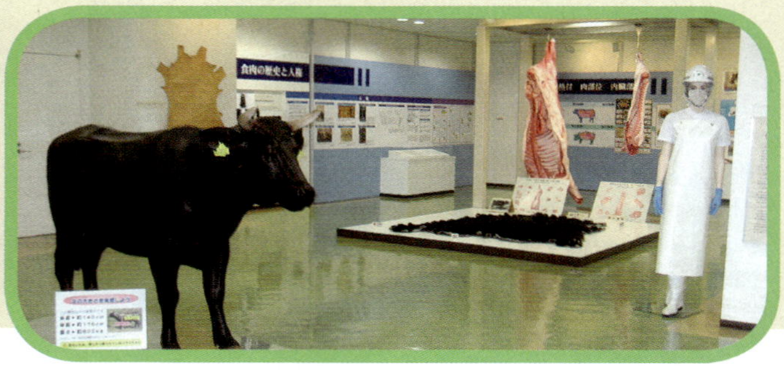

写真提供《ていきょう》：東京都中央卸売《おろしうり》市場食肉市場

ステップ 2　すべての人間は平等である。

・生まれたところのちがい
・男女のちがい
・障害のある人
・お年寄《としよ》りと子ども

自分や自分の身近な人のこととして考えてみよう。

ステップ 3　トレーニング

●人権問題・同和問題について調べ，話し合ってみましょう。
●差別や偏見のない世の中にするにはどうすればよいか，考えてみましょう。

ステップ 4　実践《じっせん》・活用

●相手の人権を尊重し，ともに支《ささ》え合って生活していきましょう。
●差別を許《ゆる》さない強い意志《いし》をもち，自分たちができることを実践していきましょう。

ステップ 5　まとめ・自己評価《じこひょうか》

●人権について，正しく説明することができますか。
●差別や偏見がなく，みんなが平和な暮らしをできるようにするためには，どのような課題が残されていますか。
●さまざまな人権問題について，正しく対応《たいおう》することができますか。

一人一人が理解を深め、正しく行動することで、平和で心ゆたかな人間尊重の社会が実現していくんだね。

ミニもの知りコーナー

世界人権宣言(Universal Declaration of Human Rights)…世界人権宣言は，共通の基準《きじゅん》となる30の権利《けんり》を定めています。その中には，生命に対する権利，どれいにされない権利，国籍《こくせき》をもつ権利，生活保障《ほしょう》を受ける権利，移動《いどう》の自由，職業選択《しょくぎょうせんたく》の自由などが記述《きじゅつ》されています。

同和問題とは？

同和問題(部落問題)とは，封建《ほうけん》時代の身分制度《せいど》や歴史的，社会的に形成された人々の意識に起因《きいん》する差別が，現在《げんざい》もなおさまざまなかたちで現《あらわ》れている重大な人権問題です。人は自分の意思で生まれるところを選ぶことができません。にもかかわらず，同和地区(被差別部落)の出身という理由でさまざまな差別を受け，基本的人権を侵害《しんがい》されている人々がいます。

『みんなの人権(平成21年10月)』東京都

10

7年生

市民としての義務と責任

学習のねらい ★市民としての義務と責任について理解し，自分でできることに対して積極的に行動することができる。

ステップ1 自分だけがよければいい！　自分ぐらいはいいだろう…こんな人が増えてきていませんか？

●雄大《ゆうだい》な富士山《ふじさん》。しかし世界遺産に登録されませんでした。
そこには大きな問題がありました。

富士山は日本のシンボル

　私は父が外交官をしていたため，高校時代までの大半を海外で過ごした。大使館には日本を案内するためのパンフレットがあるのだが，そこには決まったように富士山の写真が出てくる。私はそれを見て育ってきたので，幼い頃《ころ》から富士山は日本のシンボルだという認識《にんしき》があった。初めて夏の富士山に登って，日本のシンボルである富士山が本当にこんな状態でよいのかと強い疑念と憤《いきどお》りを感じた。故《ゆえ》に私はエベレストの清掃《せいそう》登山を始めた年から富士山の清掃登山も始めたのである。

　毎日新聞，産経新聞，地元のＮＰＯ団体「富士山クラブ」などと連携《れんけい》してキャンペーンをしてきたが，徐々《じょじょ》に意識の変化を生んでいると思う。実際に五合目から上のゴミが随分《ずいぶん》なくなった。
　更《さら》に一般《いっぱん》の登山者が片手にゴミ袋《ぶくろ》を持ちながら，ゴミを拾っている姿が散見できるようになった。年々，清掃登山への参加者も増えてきている。あるときは六百五十人も集まった。そもそもゴミを拾うために，お金をかけて全国から集まってくるということ自体，当初は考えられなかったことだ。それだけ見ても富士山というものがいかに日本のシンボルとしての存在かということが見えてくる。また五合目にある「佐藤小屋《さとうごや》」のように自分達が負担をしてバイオトイレを設置するという動きも出てきている。登山者も山小屋も変わりつつある。

「富士山から日本を変える」（2004年4月16日）
（野口健《のぐちけん》公式サイト〈http://www.noguchi-ken.com/〉より）

▼富士山樹海清掃のようす

**【日本一の山再生へ
「富士山クラブ」の試み】**

　富士山を救え――。環境《かんきょう》NPO（特定非営利活動法人）「富士山クラブ」を毎日新聞社が支援《しえん》して日本一の山の再生に取り組むことになった。空き缶《かん》を投げ捨てる観光客，山小屋のトイレ問題など，20年以上前から環境悪化が懸念《けねん》され，地元の団体などが復元に取り組んできた。「日本人の心のふるさと・富士山を世界遺産に」の運動が一時起こり，国会請願《せいがん》も採択《さいたく》された。しかし，視察に訪《おとず》れたユネスコの委員があまりの汚《お》染《せん》にため息をつき，実現には至らなかった。富士山の現況《げんきょう》は全国各地の「縮図」

ステップ 2　社会の一員として，果たすべき義務と責任がある。

ステップ 3　トレーニング

●市民として自分たちの義務や責任とは何かを話し合ってみましょう。

・身近な生活から考えてみましょう。

だれにでも，住みよいまちづくり

・地域の防災活動への参加　　・消費税について

・ごみ問題　　・省エネルギー対策　など

ステップ 4　実践《じっせん》・活用

●自分(自分たち)が，できることを決めて，継続《けいぞく》して取り組んでいきましょう。

ステップ 5　まとめ・自己評価

●市民としての義務と責任について理解できましたか。

●社会の一員として，自覚することができましたか。

▼「白い川」（丸で囲んだ部分）

といえないか。富士山クラブの活動は，各地で環境保全運動に取り組む団体や人々と連動，刺激《しげき》しあいながら“リバース(再生)日本”の希望へと替《か》える試みでもある。

環境庁の自然公園指導員で，「富士山クラブ」のメンバーでもある山梨県《やまなしけん》富士吉田《ふじよしだ》市《し》の写真家，中川雄三さん(42)は，富士山の「汚《よご》れ」「破壊《はかい》」を撮《と》り続けている。「みんなは撮りたがらないが，本当の姿を残しておかなければ」という中川さんと一緒《いっしょ》に富士山に入った。

12月上旬《じょうじゅん》の山梨県上九一色村《かみくいしきむら》。登山道わきの沢《さわ》には冷蔵庫，ガスレンジ，空き缶，マットレス，古着などが枯《か》れ葉の下にうずたかく積み重なっていた。ねじ曲がりさびた地元建設業者の看板，市立中学校のネームが入った体操着まで。

「夜店で売れ残ったらしいヒヨコが100羽近く捨てられていたこともあります。これがネコやイヌだと，生態系を乱すことにもなる」と中川さん。5メートルほど先には，古タイヤやコンクリート塊《かい》が散乱していた。「樹海の道路沿いにこんな所が何カ所もある。通報があると保健所が回収しますが，追いつかない」と嘆《なげ》いた。

静岡県《しずおかけん》側でも，たった1日のパトロールで，不法投棄《とうき》された産業廃棄物《はいきぶつ》が15トン以上も見つかるという。

航空機から撮影《さつえい》された夏の富士山の写真。頂上付近に白い一筋の線が見える。元環境庁長官，岩垂寿喜男さんが言う。「残雪かと思ったら，これがトイレからあふれ出たティッシュだと聞き，がく然とした」。別名「白い川」。事実上，垂れ流しになっている富士山の山小屋などでのし尿《にょう》処理が大きな問題になっている。

静岡県や関係市町村，団体などで構成する「富士山トイレ研究会」は，トイレ利用者に100円程度の協力金を支払《しはら》ってもらうチップ制を試みている。2カ所の公衆トイレでチップ協力を訴《うった》えたが，実際に金を払ったのは，利用者の2割に満たなかった。

「登るのは登山愛好家ではなく観光客がほとんど。自然愛護の精神に欠ける」。トイレ研究会が最近まとめた中間報告書の指《し》摘《てき》だ。

（1999年12月16日　毎日新聞社提供）

11 きまりの意味

学習のねらい ★学校や社会の中で守られているルールの意味について理解《りかい》し，責任《せきにん》ある行動を主体的にとることができる。

ステップ 1 右の絵を見て，なぜこのようなことが起きるのか，考えてみましょう。

ミニもの知りコーナー

基本的人権《きほんてきじんけん》…人間が，人間として当然にもっている権利《けんり》のこと。日本国憲法《けんぽう》では，おかすことのできない永久《えいきゅう》の権利として，現在《げんざい》および将来《しょうらい》の国民にあたえられている。生命，自由，および幸福追求に対する権利として大きくまとめられる。

ステップ 2 みんなが安全で幸せに生活するために，きまりや規則《きそく》は存在《そんざい》する。

●次のことを話し合ってみましょう。

① みんながきまりを守らないと，どのようなことが起きてしまうのでしょうか。

②学校の中で，廊下《ろうか》の歩き方が問題になることがよくあります。守らなくてはならないとみんながわかっていることなのに，多くの人がなかなか守ることができないのは，なぜなのでしょうか。

③自由と責任と義務《ぎむ》について，みんなが生活するときに大切なことは何か考えましょう。

ステップ 3 トレーニング

●次のような順序《じゅんじょ》で，きまりについて考えてみましょう。

①あなたの学校には，どのようなきまりがあるか，調べてみましょう。

②社会にもさまざまなきまりがあります。どのようなきまりがあるか，出し合ってみましょう。

③学校のきまりと社会の身近なきまりを一つずつ取り上げて，本当にそのきまりは必要なのか，そのきまりがなければどうなるのかについて，話し合ってみましょう。

④あなたなら，次のようなときどうしますか。自分の考えと，そのように考えた理由を書いてみましょう。

〈学校のきまり〉

図書室で調べものをしていたら夢中《むちゅう》になってしまい，次の時間の始業ベルが鳴ってしまいました。机《つくえ》の上は，たくさんの本でいっぱいです。先生には，「次の時間は，実験だから絶対《ぜったい》におくれてはならない。」と言われていたことを思い出しました……。

〈社会のきまり〉

習いごとからの帰り道，あなたは家路を急ぐあまり，自転車で信号無視《むし》をしてしまいました……。

ステップ 4 実践《じっせん》・活用

●学校生活や毎日の生活の中で，わかってはいても，なかなか守ることができていないのはなぜなのか，学級のみんなで話し合い，守るための目標を立てて実践しましょう。

・時間を守る。　・廊下は右側を歩く。

・おたがいに注意をし合う。

ステップ 5 まとめ・自己評価《じこひょうか》

●みんながきまりを守ることでよくなったことは何か，実行するなかで考えることはできましたか。

●自分もきまりの中で守られていることを，さまざまな場面を通して，考えることができましたか。

●「きまりを守ることは，おたがいを尊重《そんちょう》し合うことである。」と考え，大切にしていこうと思えましたか。

12 自分の考えや気持ちを上手に伝えよう

学習のねらい ★さまざまな問題について，多様な考えを認《みと》め合い解決《かいけつ》する。

ステップ1 次の絵を見て考えたことを，話し合ってみましょう。

　言葉の行きちがいで，言い合いやけんかになったことはありませんか。そのようなとき，どのように解決していますか。

ステップ2 問題を正しく解決するために，話合いがある。

- 自分の考えを相手にわかるように伝えること，そして，相手の考えを尊重《そんちょう》することで，よりよい解決方法を見つけることができます。

ステップ 3 トレーニング

●一つのボールをどちらのグループが使うかでもめています。どのように話し合えば解決するでしょうか。

【自分の考えを伝えるために】

①自分の意見は自信をもって言うこと。
②理由もきちんと伝えること。
③自分だけでなく，相手も納得《なっとく》する方法を提案《ていあん》すること。

×
貸せよ。おまえらばっかりずるいぞ!!
一方的なのはだめ。

問題を解決するためには、学級や学年という組織《そしき》を生かして、最もよい解決方法に取り組むことが大切です。

○
一緒《いっしょ》に遊ぶことにしない？

○
交替《こうたい》で使うルールをつくろうよ。
自分の気持ちも相手の気持ちも大切にする話し方で。

×
貸《か》してほしいけど，言えないなあ……。
はっきり伝えないのはだめ。

ステップ 4 実践《じっせん》・活用

●日常《にちじょう》生活でおたがいに伝え合い，認め合いながら，問題を解決していきましょう。

〈学級会で話し合おう〉

●よりよい学校にするために，みんなで話し合って問題を解決していきましょう。
(議題箱など，自由に意見を入れられるものを用意したり，工夫《くふう》しましょう。)

〈議題例〉
＊遊びのルール
＊行事の工夫
＊記念集会

〈代表委員会で話し合おう〉

①遊びの工夫をしよう。

＊低学年と高学年が仲よく遊べる工夫はないかな。
＊けがをしないように遊ぶには，どうすればいいかな。

②運動会を盛《も》り上げる工夫をしよう。

＊ポスターを作って盛り上げようよ。
＊地域《ちいき》の方々に招待状《しょうたいじょう》を作って配ろうよ。

ステップ 5 まとめ・自己評価《じこひょうか》

●自分の意見を，みんなにわかってもらえるように，理由もそえて伝えることができましたか。
●学級・学校の問題としてとらえ，たがいのよさを認め合い，願いや思いが尊重された話合いができましたか。
●決まったことを理解《りかい》し，一人一人が自覚して行動していますか。

13

7年生

問題を解決するために

学習のねらい

★問題を解決するためによく考え，自分で意思決定を行うことができる。

ステップ1 次の記事を読んで，「意思決定の責任と判断」について考えてみましょう。

中学生になった君たちに

新学期だ。小学校から大学まで，大勢の一年生が誕生した。

そのなかで，今日は，中学校の一年生になった君と，話したい。

少しおとなのなかま入りをしたみたい――君はいま，こんな気持ちじゃないだろうか。この間までの小学生と違《ちが》って，たしかに中学生はおとなへの第一歩だ。男子なら半ズボンをはかなくなる。女子なら，そう，自分専用のシャンプーがほしくなるとか。だいいち，遊ぶ場所の入場料なんかも，こども料金ではなくなる。

小学校では，受け持ちの先生が，国語も算数も社会も教えてくれた。中学は，科目ごとにべつの先生が教える。算数は数学に，図画工作は美術に名前が変わり，内容もむずかしい。英語の授業もはじまる。

範囲《はんい》がひろがるのは，教室の勉強だけではない。たとえばサークルの活動でも，小学校のように先生が一から十まで指導するとはかぎらない。生徒どうしで相談して，練習を進めることだって，ふつうだ。それだけ生徒は信頼《しんらい》されているのだし，その分，責任もあるわけだ。

友だちがなにかいけないことをしたとする。「先生にいいつけるよ」と小学校の，とくに低学年のときには，みんなが言った。もう，いつもいつも，そんなわけにはいかないだろう。

先生に解決してもらった方がいい問題もあるが，中学校の生活では，自分たちの責任で判断しなければならないことがらも，しだいに多くなってくる。それが，おとなになっていく，ということでもある。

責任を持つ。自分で判断する。それは，実際はなかなか大変だと思う。「自分の頭で」きちんと考えなければならないからだ。

でも，君にはぜひ，そうしてもらいたい。例をあげて話してみよう。

「あいつはクライ」という。「あの子はむかつく」という。中学校では，そんな言い方がしょっちゅうだし，小学校にも伝染《でんせん》している。けれども，ちょっと待ってくれ。

「クライ」だの「むかつく」だのと，君が「自分一人で」感じたことなのかどうか。「みんなが言うから」それに合わせて言っているのではないのか。だんだん，みんなが言うのをやめ，君が最後の一人になっても，「自分の責任と判断で」，相手にむかって堂々とそう言えるか。

そこのところを考えてほしいと思う。

いじめの問題もそうだ。

大勢の「いじめっ子」が，弱い一人を寄ってたかっていじめている。または，助けもせず，黙《だま》って見ている。これが，いま学校で起こっているいじめだ。みんながいじめるから，いじめる。そこに，自分の考えはない。

「大勢」の一人が君だとしたら，見ているのが君ならば，君は自分を正しいと考えるだろうか。むかしは，こういう行動を「ひきょう」といった。

自分だけが目立つと，上級生に「なまいき」だといじわるされる。そこで一年のときは，できるだけ地味にする。そのかわり，二年になったら一年にいじわるする。かなり多くの中学校で，そんな話を聞く。

だれかがやめなくては，このバカげたくり返しはとまらない。自分の頭で考えられる人間ならば，やめる努力はできる。

（1989年4月7日　朝日新聞）

中学生だもの、自分で考え、判断するのはあたりまえ…。
でも、…。

ステップ2 正しい判断をし，自分の行動を決め，責任をもつ。

ステップ3 トレーニング

●あなたの中のどこかに「周りの意見に流される自分」が隠《かく》れていませんか？

・こんな自分がいませんか？　自分や自分たちを具体的な事例をもとに振《ふ》り返ってみましょう。

だれかに任せてしまえばいいや。　逃《に》げることができるなら。　知らんぷりをしておこう。
でも本当は，だれにも指図されたくない。　とやかく言われたくない。
自分で決めたいことだってたくさんある。　はじめから逃げ道を考えている自分を変えたいんだ。

「まっいいか。みんながやってるし」

「知らないよ」

「だって，自分だけじゃないし」

・自分を見つめながら，これからのあるべき姿を話し合ってみましょう。

実践《じっせん》計画1　　月　　日

実践計画2　　月　　日

・意思決定には，最終的に自分の責任と判断が伴《ともな》います。

●自分の生活をもう一度振り返り，実践できることを考えましょう。

ステップ4 実践・活用

●問題解決に向けて学んだことを生かしていきましょう。

ステップ5 まとめ・自己評価

●物事を正しく判断し，自分の考えや意見をもつことの大切さが理解できましたか。

14

信頼《しんらい》関係づくり

学習のねらい ★おたがいに信頼し，学び合うなかで，男女の差なく，だれでも認《みと》め合うことができる。

ステップ1 次の資料《しりょう》や絵を見て話し合ってみましょう。自分のクラスはどうかな。

[友達との体験]

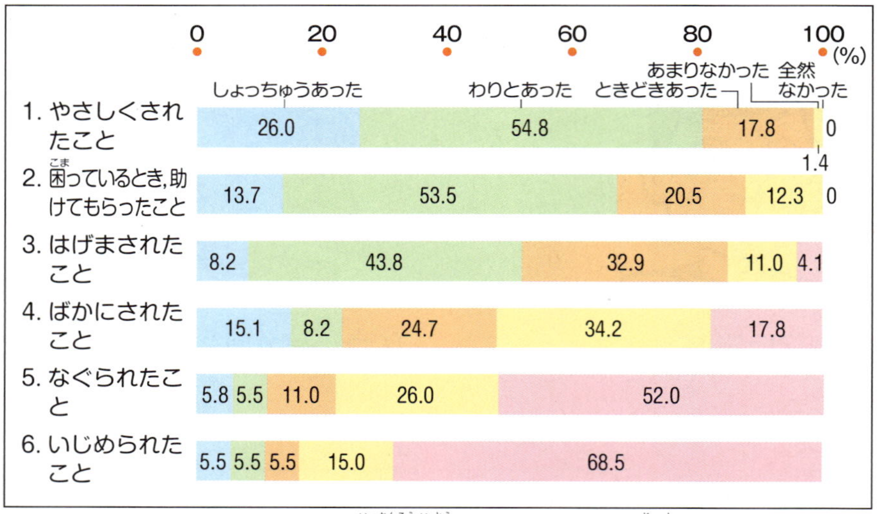

（2009年 品川区立小中一貫校《いっかんこう》伊藤《いとう》学園で６年生を対象に実施《じっし》したアンケートの結果）

[クラスの人間関係]

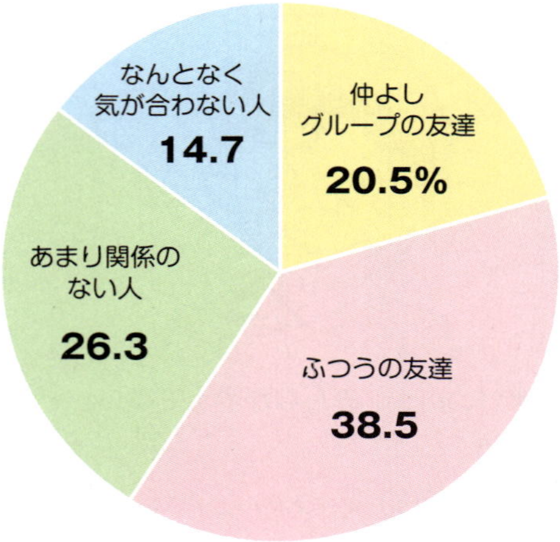

（ベネッセ教育研究開発センター「モノグラフ・小学生ナウ VOL.18-2」1998年より）

放課後，ボールを置きに教室へもどったら，A子さんがみんなの机《つくえ》をそろえていました。

日曜日，買い物の帰り，公園を横切ったら，B男君が小さな子と遊んでいました。弟，それとも妹でしょうか。

ステップ2

信頼関係とは，おたがいの個性《こせい》を認め合うことである。

●相手のことをもっと知りましょう。

・ぶっきらぼうで愛想がないと思う人。

→照れ屋さんが多い。でも，いざ何か困っていると手助けしてくれる。お礼なんて言ったら，もっと照れて，ぷいっと，どこかに行ってしまうかもしれません。

・おしゃべりでうるさいと思う人。
→自分やクラスが落ちこんでいたとき，気配りのあるおしゃべりで，周りがぱっと明るくなったことはありませんか。おしゃべりの人は，つらいことを，けっこう，おしゃべりで解決《かいけつ》してしまうのかもしれません。

・おとなしくてふだんはあまり目だたないなと思う人。
→周りにはアピールしなくても，自分の意志《いし》は強いかもしれません。放課後，みんなのいない教室でそうじをしていたり……。

・いつもいばってばかりいると思う人。
→家に帰れば，小さな兄弟たちの長男として，ミニ父さんになっているからかもしれません。小さな弟や妹には，案外やさしく遊んであげていたりして……。

ステップ3 トレーニング

●友達をもっとよく知り，相手の個性を大切にしよう。

①ワークシートにクラスの友達の名前を思いつくままに書く。（フルネームで書けるかな。）
②その友達と話したことがあるか，チェックする。
③その友達のよさを書く。
④今度，その友達と話したいこと，遊びたいこと，一緒《いっしょ》にやりたいことを書く。
⑤その友達のらんを切り取って一覧表《いちらんひょう》にはる。

▶▶ 友達から教えてもらって自分のよさに気づく。

▼

自分のよさを生かしていろいろな友達に声をかけ，信頼関係を築《きず》こう。

ステップ4 実践《じっせん》・活用

●いつも友達のよさを見つけることを心がけながら，次のようなことをやっていきましょう。
①毎日，帰りの会などで，全体や班《はん》ごとに「ありがとうタイム」を設《もう》け，助けてもらってうれしかったことなどの報告《ほうこく》とお礼を言いましょう。
②自分のよさを生かして，友達にかかわったかどうかをふり返っていきましょう。

ステップ5 まとめ・自己評価《じこひょうか》

●友達のよさがわかり，相手の個性を認めることができましたか。

15 障害《しょうがい》のある方やお年寄《としよ》りと接《せっ》する

学習のねらい ★障害のある方やお年寄りと望ましいかかわり方ができる。また，「共に生きる」地域《ちいき》のあり方について考えることができる。

ステップ1 次の話を読んで，考えたことを発表しましょう。

【努力・生活の知恵《ちえ》の話】

■障害のある方の話

ずっとバスケが好きだったから，足が不自由になっても，バスケからはなれるなんて頭にはなかったよ。みんなはけっこう大変そうに言うけど，ぼくは，バスケができるだけでうれしいんだ。

■お年寄りの話

お豆腐《とうふ》を買いに行くときは，何か入れ物を持っていって，入れてもらったんだよ。今のように，パックのごみを増《ふ》やすことはなかったよ。

【地域の中で，障害のある方や，お年寄りのための工夫《くふう》はありますか。】

■障害のある方…

・青信号の間，音が鳴る信号機
・駅のホームの点字ブロック
・スロープのある入り口

■お年寄り…

・歩道橋のてすり
・駅のエレベーター

お年寄りにやさしい町づくりについて話し合ってみよう。

ステップ 2　たがいを認《みと》め合い共に生きる態度《たいど》が大切である。

しながわガイドで調べてみよう。

●障害のある方やお年寄りのことを真剣《しんけん》に考え，活動している団体《だんたい》について調べてみましょう。

・福祉《ふくし》団体
・老人介護施設《かいごしせつ》

ステップ 3　トレーニング

●障害のある方やお年寄りの思いや願いを聞いてみましょう。

●障害のある方やお年寄りに，どのように接していくことが大切なのか，話し合ってみましょう。

●疑似《ぎじ》体験してみましょう。

・車いす体験
・アイマスク体験

わたしの家の近くにデイサービスの施設があるわよ。

ステップ 4　実践《じっせん》・活用

●障害のある方やお年寄りの生き方を学び，自分のふだんの生活をふり返って，何か改善《かいぜん》しなければならないことはないか，考えていきましょう。

ステップ 5　まとめ・自己評価《じこひょうか》

●障害のある方やお年寄りと接し，自分たちの地域のあり方について，考えることができましたか。

16

7年生

福祉《ふくし》について

学習のねらい

★疑似《ぎじ》体験を通して，障害者，高齢者《こうれいしゃ》とのかかわりについて考え，これからの福祉のあり方について理解することができる。

ステップ1 あなたは相手の立場で考えることができますか。

障害を疑似体験／狩俣《かりまた》中でボランティア研修会

平良市《ひららし》（現 宮古島市《みやこじまし》）社会福祉協議会（下地常政会長）は２日午後，「ふれあいのまちづくり事業」の一貫《いっかん》として，狩俣中学校（本村欣二校長）でボランティア研修会を行った。研修会では県社協の比嘉穂乃さんがボランティアについて講義を行ったほか，生徒たちが視覚障害者や高齢者の疑似体験をするなどして，ボランティアの認識《にんしき》を深めた。

比嘉さんは「まず『気付き』が大切。自分の生活の中で気付いて，行動に移すことが大切」と強調し，「ボランティアのボラは火山の意味。沸《わ》き上がるような意志を持って行動する人を表す。助けたいと思ったら，行動すること。助けられる人も不安がある。その気持ちに気付くことが重要」と話した。

生徒たちは高齢者体験セットで体にプロテクターや，アイマスク，耳せんをつけ実際に高齢者を体験。思うように歩けない様子に悪戦苦闘《くとう》していた。また車いすで階段の乗り降りなども体験した。高齢者を体験した富浜克也君（３年）は「思っていた以上に動きにくい。特に階段を登るときがきつい」と感想を話していた。研修会ではこのあと座談会も行われ，実際に経験して感じたことなど意見を発表した。このほか市社協の安元徹好さんが手話を，下地尚登さんが視覚障害者の体験指導を行った。

（2001年2月4日　宮古毎日新聞《みやこまいにち》）

●振《ふ》り返ってみましょう。

・今まで，あなたは目の見えない人が困っているとき，「どうしましたか？　お手伝いしましょうか」と声をかけたことがありますか。

・車いすでエレベーターに乗ろうとしている人を見て，「何階ですか？」と尋《たず》ねたことがあったでしょうか。

ステップ2 福祉社会の基本は，「相手を思いやる心」である。

●ノーマライゼーションの社会を目ざす。

一般的《いっぱんてき》な知識　ノーマライゼーション…障害者や高齢者などと一緒《いっしょ》に助け合いながら，暮らしていくのが正常な社会のあり方であるとする考え方。

ステップ 3　トレーニング

・アイマスクをつけて歩行してみましょう。
・耳栓《みみせん》をして，会話をしてみましょう。
・高齢者体験(目を見えにくくするゴーグル，関節を曲がりにくくする装置，手足のおもりなどをつけて，身体の変化を体験すること)をして，歩行や階段の上がり降りをやってみましょう。
・車いす体験をして，そのサポート方法を学んでみましょう。
・その他，実際に体験できそうなことを話し合って実践《じっせん》してみましょう。

ステップ 4　実践・活用

●障害者・高齢者・病気の人と思いやりをもって接していきましょう。

ステップ 5　まとめ・自己評価

●障害者や高齢者と自分とのかかわりなど，ノーマライゼーションについて意義が理解できましたか。

17 賛成《さんせい》・反対の立場をはっきりさせよう

学習のねらい ★テーマを正しくとらえ，賛成・反対の意見を言うことができる。

ステップ 1 学級会で意見を求められて，賛成か反対かがはっきり答えられなかった経験《けいけん》はありませんか。
次の絵を見て，話し合ってみましょう。

自分の意見を言うためには，まず，自分の立場（賛成または反対）をはっきりさせることが大切です。そして，理由も一緒《いっしょ》に伝えることが必要です。

今日の議題は「週に一度，クラス遊びの時間をつくろう」です。どのような遊びにしますか。理由も言ってください。
週に一度
やだなぁ。指名されたらどうしよう。あてられないように下を向いていようかな……。
それいいね。やろう！やろう！
賛成したら，○○君に何か言われないかなぁ。あ～，本当はやってみたいけど△△君はどっちにするかなあ～。
え～どうしよう。やったほうがいいかな……。やらないほうがいいかな…。え～と，え～と。
ねぇ～みんな賛成だよね。反対の人なんかいないよね。

ステップ 2　自分の意見をしっかりともつことが大切である。

ほかの人の意見をだまって聞いているだけの人がいるけれど、それでは、その人がそのことをどう考えているのかが、ほかの人には全然わからないよ。
みんなの考えを練り上げて、よりよい考えをつくり上げるのが、本当の話合いなんだね。

●話合いに参加するときは，自分の意見を出して話し合い，結《けつ》論《ろん》をまとめましょう。

〈効果的《こうかてき》な話合いをするために大切なこと〉

①自分の考えをまとめておこう。
　賛成か反対か，その理由は……。

②結論を先に，理由を後に言おう。
　「わたしは，賛成(反対)です。その理由は……だからです。」

③ほかの人の意見をよく聞こう。
　自分だけが正しいと思わない。
　反対されても感情的《かんじょうてき》にならない。
　おかしいと思う意見も，なぜそう考えたかをじっくり聞こう。

　言い方が悪ければ言いたいことが伝わりません。相手に伝わる表現力《ひょうげんりょく》を身につけることが大切です。

ステップ 3　トレーニング

●次の話題について，賛成か反対か，自分の意見を言い，その理由も説明してみましょう。

①学校に遊び道具を持ってくることに，賛成か反対か。

②班《はん》は好きな者どうしにすることに，賛成か反対か。

●そのほかにも，話題を決めて討論会《とうろんかい》を開いてみましょう。

批判的思考《ひはんてき》
　物事をさまざまな視点《してん》からとらえ，正しい基準《きじゅん》にもとづいて判断《はんだん》する考え方です。

ステップ 4　実践《じっせん》・活用

●授業《じゅぎょう》の中や学級会，委員会での話合いで，学んだことを生かして実践してみましょう。

ステップ 5　まとめ・自己評価《じこひょうか》

●感想をまとめてみましょう。

①話合いで，自分の考えをしっかりともつことができましたか。

②賛成または反対の考えを伝え，その理由を説明することができましたか。

名言・名句《めいく》
話し上手は聞き上手。

18

情報《じょうほう》を正しく伝える
～コミュニケーションを上手にとるルールとマナー～

学習のねらい
★目的に応《おう》じた情報の伝達手段《しゅだん》を選択《せんたく》し，適切《てきせつ》に伝えることができる。

ステップ1 さまざまな情報伝達の長所と短所を考えてみましょう。

手　段	長　所	短　所
対　話		
電　話		
メール		
手　紙		
その他		

ステップ2 時と場に応じた情報伝達の手段がある。

●次のことを話し合ってみましょう。

①コミュニケーションをとるなかで，ルールとマナーを守らないとどのようなことが起きてしまうのでしょうか。

けんかした相手に送ったメールの真意が伝わらず，関係がこじれてしまった。

相談を受けた相手の不安を解消《かいしょう》しようと，「どうってことないよ。」と安易《あんい》に返事をしてしまい，逆《ぎゃく》に気まずくなってしまった。

・伝え方をまちがえて，誤解《ごかい》されたり，困《こま》ったりしたことを思い出して，どうすればよかったか考えてみましょう。

②聞き手の姿勢《しせい》や態度《たいど》は，話し手の話そうとする意欲《いよく》や話しやすさにどうえいきょうしているのでしょうか。

〈会話のテーマ〉
・好きな食べ物
・行ってみたいところなど

〈かかわりの少ない聞き方で聞いてみる〉
・話し手を見ずに横を向く。
・自分のかみの毛や洋服をいじる。
・あくびをしてねむそうにする。

〈えらそうな聞き方で聞いてみる〉
・相手の話をさえぎって自分の考えを言う。
・自分の考えをおしつけ，結論《けつろん》を出す。
・「そんなことはない。」と言ってしっかり聞こうとしない。

・友達どうしで感想を話し合ってみましょう。

ステップ3　トレーニング

●どんな場面で選んだらよいか考えてみましょう。また，どんなことに気をつけたらよいか考えてみましょう。

手　段	場面や気をつけること
対　話	
電　話	
メール	
手　紙	

同じ内容《ないよう》でも、伝え方ひとつで、感じ方、受け取り方が大きくちがってくるんだね。

ステップ4　実践《じっせん》・活用

●日常《にちじょう》生活で正しく選んで伝えていきましょう。
●かかわり合おうとする気持ちで聞きましょう。

ステップ5　まとめ・自己評価《じこひょうか》

●社会のルールやマナーに反する情報は絶対《ぜったい》に活用してはいけません。
●常《つね》に相手の立場に立って考えることが，情報伝達の基本《きほん》であることを理解《りかい》しましょう。
●相手に精神的《せいしんてき》な危害《きがい》を加えることになってしまった場合は，犯罪行為《はんざいこうい》であることを知りましょう。
●相手の気持ちや立場を考え，意識《いしき》して，伝えた具体的な場面を発表しましょう。
●たがいの考え方のよさを認《みと》め合い，日常実践に生かしましょう。

19 説得力を身につけよう

学習のねらい ★相手に対して，自分の考えをしっかりと伝えることができる。

ステップ 1 人に自分の考えを伝えるには，「なるほど」と思ってもらうことが必要です。そのためにはどうすればよいか，話し合ってみましょう。

●たくさんの人に，自分の考えをわかってもらうための工夫《くふう》をしましょう。

どんな工夫がしてあるかな。

考えよう
地球の異変

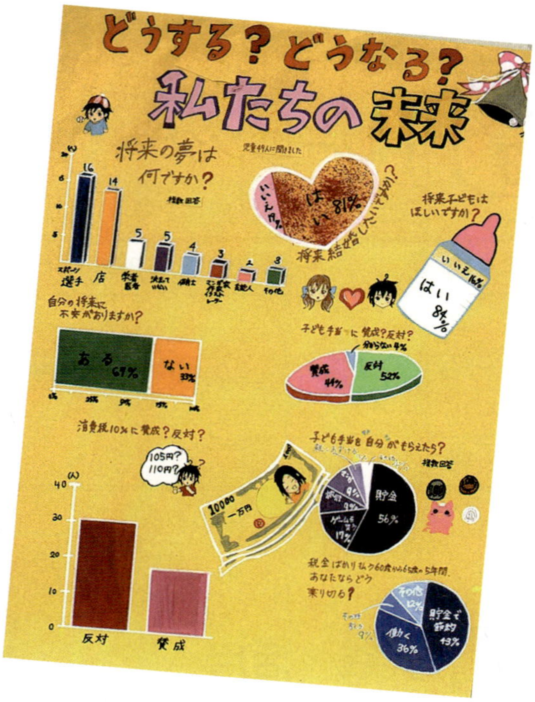

どうする？どうなる？
私たちの未来
将来の夢は何ですか？

（第58回東京都統計《とうけい》グラフコンクール入賞作品）

●次の発言から，「学級文庫の貸《か》し出し期間」について，効果的《こうかてき》な説明の仕方を考えてみましょう。

今のままの2日間でもいいんじゃない。
ぼくは，あまり本を読まないから，わからないなあ。
アンケートをとったところ，8割《わり》の人がもっと長くしてほしいという意見でした。
6年生が，今，読んでいる本のページ数は，平均《へいきん》すると320ページでした。このページ数を読むためには，2日間の貸し出し期間では短すぎます。

ステップ 2　相手に納得《なっとく》してもらうためには，工夫が必要である。

①ここに，たくさんの子どもがいます。

②ここに，子どもが50人います。

①と②の，どちらが具体的ですか。数字や具体的なデータ・資料《しりょう》を使って表現《ひょうげん》することで，聞く人は具体的なイメージをもつことができます。あなたの伝えたいことが，より正《せい》確《かく》に伝わるのです。ねらいが正確に伝わらなければ，「なるほど」とは思ってもらえません。

ステップ 3　トレーニング

●身近なことで，あなたが改善《かいぜん》したいと思うことの中から題材を選び，アンケートや調査《ちょうさ》の結果など，具体的なデータや数値《すうち》を調べ，そのことを周りの人に伝えてみましょう。

●論理的《ろんりてき》な発表の仕方を身につけましょう。まず，話す内容《ないよう》の構成《こうせい》を考えることが重要です。聞く人がよくわかったと思う話は，構成がしっかりしています。

〈三段《さんだん》構成の方法（序論《じょろん》→本論→結論）〉

※説明文はこの型になっているものが多くあります。

序論

・話すことのテーマを伝えます。このテーマを取り上げた理由と，このテーマについての問題を説明します。

↓

本論

・序論で述《の》べた問題に対して，具体的な例や根《こん》拠《きょ》となる数値や事実をいくつか述べます。（資料などを活用すると効果的になります。）

↓

結論

・序論，本論を受けて，自分の意見や主張《しゅちょう》をまとめます。

ステップ 4　実践《じっせん》・活用

●授業《じゅぎょう》（社会の研究や理科の実験のまとめなど）やその他の活動で発表するときに，学んできたことを活用していきましょう。

●話す内容についても，「序論→本論→結論」で作っていきましょう。

ステップ 5　まとめ・自己評価《じこひょうか》

●相手に自分の考えを効果的に伝える方法が理解《りかい》できましたか。

名言・名句《めいく》

論より証拠《しょうこ》。

20

7年生

効果的に話す技術

学習のねらい

★自分の考えを相手に効果的に伝える，対話スキルを身につけることができる。

ステップ1 これからの社会で，コミュニケーションが重視されているのはなぜでしょうか。

まずコミュニケーション能力

今回調査で，新卒者採用で重視する能力を選択肢《せんたくし》から三つ選んでもらったところ，コミュニケーション能力が最多で64社。行動力（50社），熱意（34社）が続いた。

最近の新卒に足りないのは，最多がマナーの32社で，コミュニケーション能力と責任感も26社が挙げた。優《すぐ》れている点では，語学力が49社と最多で，次いで要領（20社）が多かった。

（2005年3月20日　朝日新聞）

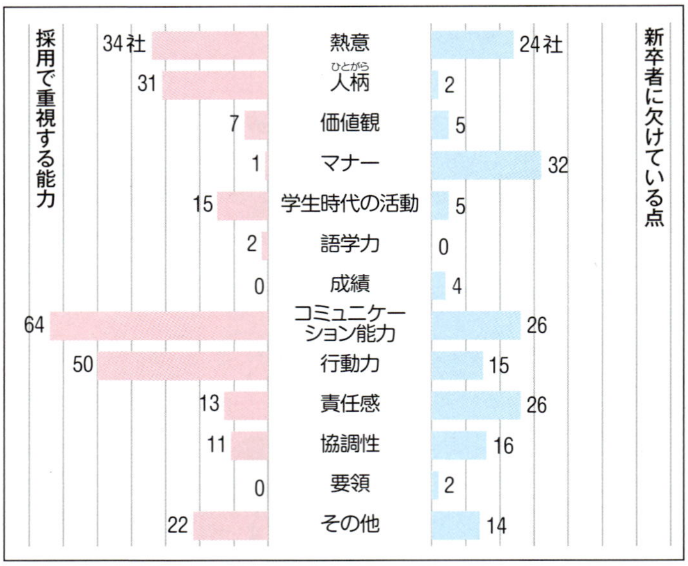

採用で重視する能力
新卒者に欠けている点
34社 熱意 24社
31 人柄《ひとがら》 2
7 価値観 5
1 マナー 32
15 学生時代の活動 5
2 語学力 0
0 成績 4
64 コミュニケーション能力 26
50 行動力 15
13 責任感 26
11 協調性 16
0 要領 2
22 その他 14

一般的《いっぱんてき》な知識　**コミュニケーション**…communication。社会生活を送る人と人との間で行われる意思や感情，思考の伝達のこと。

ステップ2 真意を伝えるためには，話す工夫《くふう》が必要である。

これまでの自分の経験を振《ふ》り返って、コミュニケーションについて考えてみよう。
相手に自分の考えや気持ちを効果的に伝えるためには、どのような方法があるかな。

- 本当にあなたは人とコミュニケーションがとれていますか？
- 自分の感情を正しく言葉で伝えることができていますか？
- 自分の考えや意見を適切に伝える方法を役立てていますか？

ステップ3 トレーニング

効果的に話すために必要な三要素

1 「正しさ」
- うそやごまかしのない内容の正しさ
- 発音，アクセント，用語の使い方の正しさ

2 「わかりやすさ」
- 自分勝手でなく，聞き手によくわかる内容(相手意識)
- 聞き手を見ながら話す速度に注意(アイコンタクト)

3 「感じよさ」
- 話し手の人柄のよさが出る。
- 表情や態度にその人らしい親しみが感じられる。

●話し方をよくするために工夫してみよう。

①話を視覚化する(イメージできるように)。
- 比喩《ひゆ》的な表現　・数字を使って現実感を出す。　・会話を入れる。

②体全体で話す。
- 目の動きや輝《かがや》き，顔つき，手の動きや身ぶり，姿勢

③話の間《ま》をとる。
- 聞き手が，そこで考えたり，つぶやいたりすることを想定してみる。

④スピード(速さ)に注意する。
- メモを見ながら話す，その行間は，考えながら(丸暗記はしない)。

●練習してみよう。

①話すテーマを決める
- 調査·研究したこと
- 紹介《しょうかい》や提案
- 夢や想像　など

▶

②対象人数を決める
- 1対1で
- グループで

▶

③制限時間
- 3分間で
- 5分以内で
など

ステップ4 実践《じっせん》・活用

●相手と話すときは，場や内容に応じた工夫をしていきましょう。

〈活動例〉・スピーチ大会を開いて　・研究発表会を開こう

ステップ5 まとめ・自己評価

●言葉だけでなく，動きや表情で表現することが，効果的であることを理解できましたか。

●伝える内容によって，話し方を変えることができましたか。

21

7年生

さまざまな話し合い方

学習のねらい ★問題をさまざまな角度から考え，異なる発想法を用いて討論することができる。

ステップ1

自分が今抱《かか》えている問題や，学校の活動などに関することを話し合うときに，アイディアを出すための思考法やアイディアをまとめる発想法があります。

〈さまざまな発想法〉

【ブレーンストーミング】

以下の四つの原則のもとに，グループで自由な意見を出し合う方法。

①批判厳禁（出された意見に対してよい・悪いの批判をしないこと）

②質より量（できるだけ多くのアイディア，意見を出し合うこと）

③自由奔放《ほんぽう》（何を言ってもかまわない。周りに遠慮《えんりょ》せず，思ったことを発言すること）

④総合改善（多くのアイディアが出てくるなかで，組み合わせたりして改善し，よりよいアイディアにまとめていくこと）

進行役と書記役を決めて，出されたテーマに関して，さまざまな角度から意見を出し合ってみてください。書記役は，すべての発言を要約して記録し，進行役は，意見が出なくなったら，発言を見直してアイディアをまとめていきましょう。

【チェックリスト法】

ある課題について考えるとき，あらかじめ作成したチェックリストに基《もと》づいて点検していく方法。チェックリストは，独自のものを作るのが望ましいです。

例）①他に使い道はないか。　②他へ応用できないか。　③一部変更《へんこう》はできないか。
④大きく，あるいは，小さくしたらどうか。　⑤代用したらどうか。
⑥組み合わせたらどうか。

【KJ法】

ブレーンストーミング法などで出たアイディアをカードに記入し，その中から共通項《こう》を見つけ，関連すると思われるものを1グループとします。グループごとの情報を更《さら》に練り直し，グループ間の関係を明確にするために模造紙などにはり付けます。全体を構造化し課題の内容を把握《はあく》します。

ステップ 2

討論は，さまざまな視点をもつことが必要である。

自分たちの身のまわりの問題を話し合ってもいいよ。

ステップ 3 トレーニング

●次のことについて，どのような視点から考えますか。いろいろな発想法を使ってグループでアイディアを出し合い，解決策をまとめてみましょう。

★わたしの家は駅前商店街で昔から肉屋を営んでおり，父は商工会議所の一員です。ところが最近，隣《となり》の駅に大きな駅ビルができ，話題のお店やレストランが数多く出店した結果，最寄《もよ》り駅の駅前商店街の活気が失われてきてしまいました。駅を利用する人の数自体は今までと変わりはないのですが，昼間の買い物客や休日に利用する人が確かに減っています。駅前商店街を愛している父や，その仲間のおじさんにとって，今の状況《じょうきょう》は寂《さび》しいものです。お金はあまりないのですが，昔ながらのよさを生かしながらの新しい商店街づくりを考えているようです。どうしたら商店街に利用客が戻《もど》るのでしょうか。アイディアを教えてください。

★わたしの祖母は田舎《いなか》で一人暮らしをしています。昔は米作りをしていた農家でしたが，今は引退して近所のお友達とゲートボールをしたり，カラオケに行ったり，なかなか楽しく生活をしているようです。父は一人暮らしの祖母の様子が心配で，一緒《いっしょ》に暮らそうといつも電話で話していますが，祖母は長年暮らした土地を離《はな》れたくないと断り続けています。父は東京での仕事が順調で，田舎に帰る気持ちはありません。祖母が幸せに暮らすために，どのようなことができればよいでしょうか。わたしたち家族が気をつけなければならないこと，田舎の祖母が受けられるとよい行政サービスなどを考えてください。

★毎年3月に行われる「卒業生を送る会」は，9年生にとって通い慣れた学校での最後の思い出になる大切な行事です。心に残る送る会にするための実現可能なアイディアを考えてください。

ステップ 4 実践《じっせん》・活用

今まであたりまえのように受け止めていた出来事にも，違《ちが》う視点でとらえることでもしかしたら重大な欠陥《けっかん》などが見つかるかもしれません。

ふだんの生活の中では，物事の結果を一面的な「情報」として受け取ることが多いといえます。どうしてそうなったのか，ほかに理由はないのかなどを，違った角度で考えていくことも必要でしょう。

ステップ 5 まとめ・自己評価

●問題を多面的にとらえ，さまざまな角度から考えることができましたか。

22

みんなでつくろう学級会

学習のねらい ★学級会でできることを理解《りかい》し，自分たちの力で話合いを進めることができる。

ステップ1 自分たちで話し合って決められることってどんなことでしょう。

あだ名をつけよう！
それって みんなで 話し合って 決めること かな？
住所録を作って，みんなに配ろう！
勝手に作って いいのかな？
来週の火曜日２時間めに集会をしよう！
いいのかな？
校門をきれいに装飾《そうしょく》しよう！
いいの かな？
ペットを飼《か》おう！お金は1人500円にしよう！
えっ！
昼休みの学校のきまりを見直そう！
う～ん

ステップ2

自分たちで決められることと，そうでないことを，しっかりと理解することが大切である。

自分たちで進めるためには必要なことだね。

ステップ3 トレーニング

●計画委員会を中心に議題を集めて，みんなで話し合いたいことを決めて話し合いましょう。

	5　年	6　年	7　年
1学期	・係を決めよう ・教室の中を明るくしよう ・背面《はいめん》黒板の使い方を工夫《くふう》しよう ・林間学園でのレクを考えよう	・集会の年間計画を立てよう ・移動《いどう》教室のバスレクを盛《も》り上げよう ・雨の日に遊べるゲームを作ろう	・自己《じこ》しょうかいの会を開こう ・学級の目標を立てよう ・生徒会について話そう ・運動会を成功させよう
2学期	・夏休みの作品をしょうかいしよう ・スポーツ大会をしよう ・読書発表会をしよう ・お世話になった人に感謝《かんしゃ》しよう ・学級学芸会をしよう	・心に残った一冊《さつ》をしょうかいしよう ・卒業文集のクラスページを計画しよう ・年賀状《ねんがじょう》イラストコンクールをしよう	・文化祭，合唱コンクールを成功させよう ・夏休みの課題の発表会をしよう
3学期	・学級文集を作ろう ・クラスの十大ニュースを決めよう ・６年生を送る会を企画《きかく》しよう	・卒業までのカレンダーを作ろう ・思い出カルタを作ろう ・係に感謝状をおくろう	・９年生を送る会を企画しよう ・お別れ会をしよう

ステップ4 実践《じっせん》・活用

●ステップ3の例を参考に議題をみんなで決めて話し合ったり，話し合って決まったことを実行したりしましょう。

ステップ5 まとめ・自己評価《ひょうか》

●話合いや活動をふり返り，次の活動に生かせるようにしましょう。

23 学校における自治的活動 ～児童会活動～

学習のねらい

★学校内の役割《やくわり》を理解《りかい》し，発想を生かし，創意工夫《そういくふう》して自主的に活動を行い，責任感《せきにんかん》をもって取り組むことができる。また，代表委員会の意義《いぎ》を理解し，自分の考えをもって進んで代表委員会の活動をすることができる。

ステップ1 だれがどの委員会に所属《しょぞく》し，どのような活動をしているか知っていますか。

委員会活動実践例《じっせんれい》 平成　　年度　　　　小学校

委員会	やってみたいこと
放送委員会 ○委員会･クラブ･学級だよりのしょうかい ○校内ニュース ○校内行事の報告《ほうこく》や感想インタビュー ○放送劇《げき》・連続放送ドラマ ○のど自慢《じまん》大会	○クイズ(正解者･学級しょうかい) ○効果音作製《こうかおんさくせい》・レコードの整理 ○今月の歌　季節だより ○学級担任《たんにん》しょうかい(新任者インタビュー) ○卒業生ひと言 ○運動会・学芸会の様子放送
新聞委員会 ○学級新聞コンクール企画《きかく》・運営《うんえい》 ○校内新聞の取材や編集《へんしゅう》・発行(低中高別) ○代表委員会や各委員会の活動状況《じょうきょう》のしょうかい ○遠足･運動会･展覧会《てんらんかい》などの学校行事感想特集 ○学級リレー物語しょうかい	○運動会速報《そくほう》　印刷・配布《はいふ》(得点状況･応援団長《おうえんだんちょう》の決意･学年演技《えんぎ》の見どころなどを印刷し観客に配る)
掲示《けいじ》委員会 ○各種行事・集会などの予定掲示 ○楽しい学級掲示物しょうかい(VTR, 写真) ○各委員会・クラブの活動内容《ないよう》掲示 ○全校集会の案内	○校内標示作り(クラブ・委員会・教室) 例…手作りの標示板をベニヤ板で作る。
保健《ほけん》委員会 ○全校保健ポスターコンクール ○健康調査《ちょうさ》結果発表・掲示(グラフ化) ○流行しやすい病気とその予防《よぼう》について ○けがをしやすい場所調査・発表	○虫歯予防集会 ○児童の企画による保健だより ○正しい手の洗《あら》い方の絵図化・低学年への出張指導《しゅっちょうしどう》
図書委員会 ○自作の絵本・紙芝居《かみしばい》・創作《そうさく》童話の募集《ぼしゅう》・しょうかい ○図書利用状況や読書傾向《けいこう》の調査・発表 ○読み聞かせの会　計画・実践 (雨の日などの休み時間　低学年向けに)	○購入《こうにゅう》希望図書アンケート ○新着図書しょうかい ○たくさん本を読んだ人にしおりのプレゼント
集会委員会 ○集会の年間予定・毎月のテーマソング選定 ○集会ゲームなどの希望調査 ○学級のシンボルマーク募集・発表 ○雨の日の室内遊びしょうかい	
整美委員会 ○校内美化標語コンクール ○みんなで作る楽しいゴミ箱　作り方のしょうかい ○そうじの歌募集・発表	○手ぶくろぞうきん作り ○鉄棒《てつぼう》などのペンキぬり
運動委員会 ○体育倉庫・用具の置き場所標示，使い方のしょうかい ○運動のコツ(なわとび・鉄棒など)のビデオ作成 ○なわとび検定日《けんていび》の設定《せってい》	
飼育《しいく》委員会 ○飼育小屋の清掃《せいそう》・管理 ○動物の様子の観察・記録…新聞にして発行 ○低・中学年向け　えさ作り・えさやり体験会の計画 ○動物の名前募集・名札作り	○小動物の飼《か》い方調べ　しょうかい
栽培《さいばい》委員会 ○学校にある樹木《じゅもく》・草花の種類の調査・名札つけ ○腐葉土《ふようど》作り ○栽培したい草花のアンケート ○四季の草花の栽培	○年間温度(気・水・地温)調べ　グラフ化・掲示 ○正しい実験器具の使い方　絵図化
給食委員会 ○好きな食べ物・きらいな食べ物ベストテン ○給食作りの苦心談インタビュー ○今週(日)の献立《こんだて》の話(昼の放送) ○栄養カレンダー作り	○残量調べ　絵図化・グラフ化

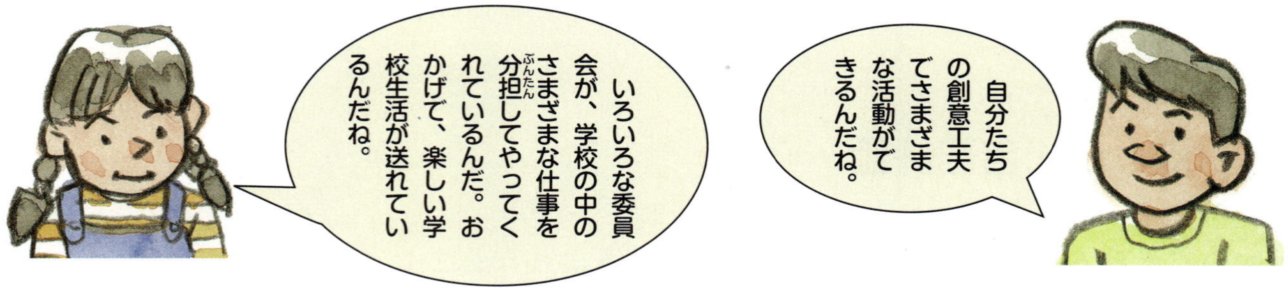
いろいろな委員会が、学校の中のさまざまな仕事を分担《ぶんたん》してやってくれているんだ。おかげで、楽しい学校生活が送れているんだね。
自分たちの創意工夫でさまざまな活動ができるんだね。

ステップ 2

児童会活動は，自分たちで考え，協力しながら取り組むことが大切である。

- 児童会活動の組織《そしき》について理解しましょう。
- 代表委員・委員会の役割を考えましょう。
- 自分たちで計画を立て，計画的に運営《うんえい》していくことの大切さを理解しましょう。

各学級の代表や委員会の代表、計画委員が集まって話し合っているね。

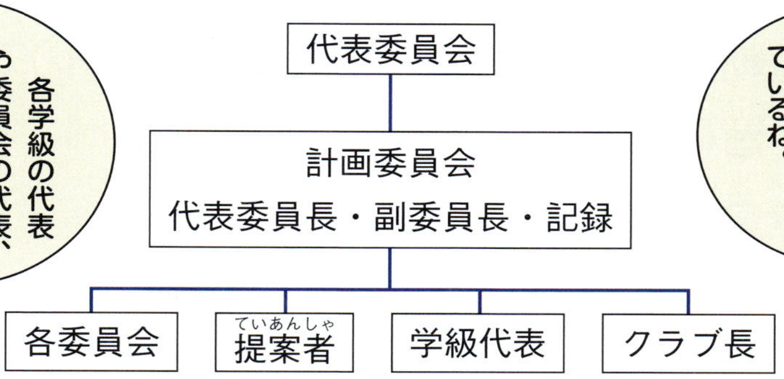
代表委員会
計画委員会
代表委員長・副委員長・記録
各委員会
提案者《ていあんしゃ》
学級代表
クラブ長

学校生活に関するいろいろな問題を取り上げているね。

ステップ 3 トレーニング

- 代表委員会活動を調べてみましょう。

4月	クラスしょうかいコーナーを作ろう。	1月	あいさつ運動をしよう。
5月	縦割《たてわ》り班《はん》で遊ぶ計画を立てよう。	2月	6年生を送る会の計画と準備《じゅんび》。
6月	球技《きゅうぎ》大会を盛《も》り上げよう。	3月	1年生をむかえる会の計画と準備。

- 委員会活動の進め方を調べてみましょう。

①学期ごとの活動計画を調べてみましょう。

②毎日どのような活動をしているのか調べてみましょう。

③どのような組織で活動しているのか調べてみましょう。

委員長　　（6年　1名）
副委員長　（5年　1名，6年　1名）
黒板記録　（5年　1名，6年　1名）
ノート記録（6年　1名）

ステップ 4 実践・活用

児童会は，全校児童のためのものです。

①いつ　②どこで　③どんなことを
④だれが・どのグループが　⑤どのような方法で

実施《じっし》するのか明確《めいかく》にしましょう。

- 代表委員会へのお願いカードを作っていきましょう。

代表委員会宛

ステップ 5 まとめ・自己評価《じこひょうか》

- 代表委員会と自分のつながりが理解できましたか。
- 組織の一員として，役割と責任を果たすことができましたか。

24 学校における自治的活動
～クラブ活動～

学習のねらい
★自他のよさや可能性《かのうせい》を認《みと》め合い，自主的・実践的《じっせんてき》に活動することができる。

ステップ 1

クラブ活動には，どのようなよさがあるのでしょうか。ほかの学習の時間とのちがいは何でしょうか。

先生ではなく、子どもたちが、計画を立てて進めていくんだよ。
同じことに興味《きょうみ》をもっている人が集まっているんだね。楽しそう。
クラブでは、いろいろな学年の人が集まって活動しているんだね。

ステップ 2

クラブ活動は，異学年《いがくねん》の人たちがおたがいを認め合い，高め合える学習である。

バスケットボール
パス
ドリブル
ぼくは、五年生と一緒《いっしょ》に練習計画を作るよ。

- 自分から進んで教えましょう。また，教わりましょう。
- 自分ががんばることで発見した自分のよさや，友達の活動を見て気づいた友達のよさを伝え合いましょう。

わたしは、四年生にドリブルの仕方を教えるね。
ボール運動も得意なのね。

ステップ 3 トレーニング

- 自分たちで，クラブ活動を運営《うんえい》してみましょう。

①学期ごとにおおまかな計画を立て，活動の見通しをもちましょう。

②どのような活動をするか，全員の意見を聞きましょう。

③組織《そしき》やグループをつくりましょう。

・クラブ長，副クラブ長，記録係など。

・全学年が交ざるように。

1. はじめのあいさつ
2. 出席確認《かくにん》
3. 今日の活動の確認
4. 活動
5. ふり返り
6. 先生の話
7. 片《かた》づけ
8. 終わりのあいさつ

地域《ちいき》のお囃子《はやし》
やおどりなどの
伝統芸能《でんとうげいのう》を教え
てもらうことも
できるんだね。

地域のお年《とし》
寄《よ》りとゲート
ボール大会を
計画したよ。

- 地域の文化を学んだり，地域と交流を深めたりすることのできる活動もあります。担当《たんとう》の先生と相談して計画を立ててみましょう。

ステップ 4 実践・活用

- 「クラブ活動カード」を作り，ふり返っていきましょう。
- 全員が楽しめるように工夫《くふう》をしていきましょう。

ステップ 5 まとめ・自己評価《じこひょうか》

- 「クラブ活動カード」をもとにふり返り，今の活動について，話し合うことができましたか。
- クラブを運営するための方法や順序《じゅんじょ》が理解《りかい》できましたか。

25

7年生

学校における自治的活動
～生徒会活動～

学習のねらい ★生徒会の活動を理解し，責任をもって取り組むことができる。

ステップ1 あなたの学校では，どのように生徒会が進められているでしょうか。

生徒総会

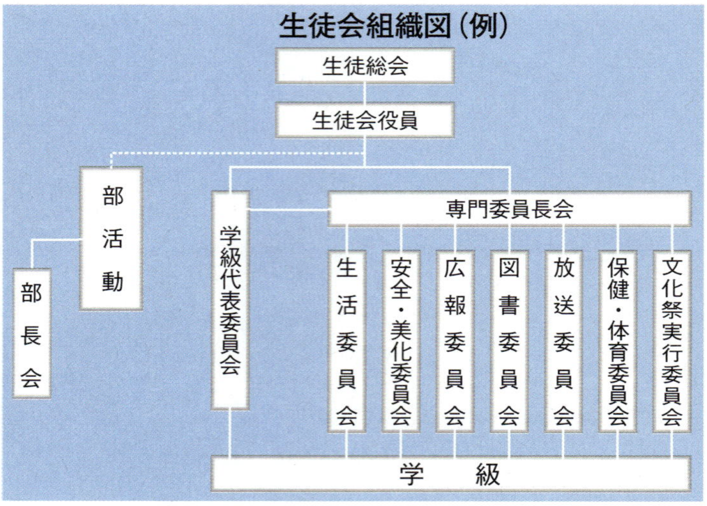
生徒会組織図（例）
生徒総会
生徒会役員
部活動
部長会
学級代表委員会
専門委員長会
生活委員会
安全・美化委員会
広報委員会
図書委員会
放送委員会
保健・体育委員会
文化祭実行委員会
学　級

【生徒会活動計画】

年間活動テーマ…一人一人が目的をもち，互《たが》いに協力し合って生き生きと活動しよう。

	月	テーマ	行　事	内　容
年間活動計画	4	・新入生を温かく迎《むか》えよう	・入学式	・入学式での誘導《ゆうどう》・案内
		・新しいクラスで団結しよう	・前期生徒会選挙	・生徒会選挙に向けての準備
	5	・生徒会の活動を知ってもらおう	・生徒総会	・生徒総会の計画と運営
			・体育祭	・保健・体育委員会への協力
	6	・部活動に精いっぱい取り組もう	・選手壮行会《そうこうかい》	・壮行会の計画と運営
			・総合体育大会	
	7	・文化祭を成功させよう	・生徒集会（テーマ：文化祭）	・生徒集会の企画《きかく》と運営
				・文化祭実行委員会への協力
	9	・文化祭を成功させよう	・生徒集会（テーマ：文化祭）	・全校合唱の練習
			・後期生徒会選挙	・文化祭実行委員会への協力
	10	・部活動に精いっぱい取り組もう	・選手壮行会	・壮行会の計画と運営
			・新人戦	・全校合唱の練習
	11	・文化祭を成功させよう	・文化祭	・文化祭実行委員会への協力
		・自分たちの生活を見直そう	・生徒総会	・生徒総会の計画と運営
	12	・自分たちの健康について考えよう	・生徒集会（テーマ：保健）	・保健・体育委員会への協力
	1	・クラスの団結を深めよう	・生徒集会	・生徒集会の企画と運営
	2	・クラスの思い出をつくろう	・クラスの思い出づくり	・卒業生を送る会の企画・準備
			（学級文集の計画）	・全校合唱の練習
	3	・卒業生を送る会を盛り上げよう	・卒業生を送る会	・卒業生を送る会の運営
			・卒業式	・全校合唱の練習
				・離任式《りにんしき》の企画・準備

ステップ 2

自治的な組織の運営の方法を理解し，主体的に参加することが大切である。

ステップ 3 トレーニング

- 生徒会長にはどのような人を選んだらよいのか，意見を出し合ってみましょう。また，その理由についても考えてみましょう。
- 学級委員に求められていることは何か，考えてみましょう。（それぞれ，しっかりとした理由が言えるようにしましょう。）

ステップ 4 実践《じっせん》・活用

- 自分ができることを考え実行しましょう。
- 委員として，また組織の一員として，主体的に参加し，義務と責任を果たしていきましょう。
- 委員選びをするときには，何を重視するか，どのような学校にしたいかなどの自分の意見をもちましょう。

ステップ 5 まとめ・自己評価

- 与《あた》えられた委員としての義務と責任を，果たすことができましたか。

26

7年生

地域における自治的活動

学習のねらい

★地域の自治的活動に関心をもち，地域のために役立つことに取り組むことができる。

町をきれいに!
参加募集
2011年7月17日
○△地域センター
に集合!
ボランティア募集
フリーマーケットを出してみませんか?
03-××××-××××
03-××××-××××

ステップ 1

あなたは，地域とかかわっていますか。

地域とのかかわりについて話し合ってみよう。

ステップ2

地域の人々のさまざまな活動によって，わたしたちの生活は支えられている。

- わたしたちは，地域から多くのことを学んでいることを知っていますか。

ステップ3 トレーニング

- あなたの地域には，どのような活動があるか，調べてみましょう。
  - ・文化活動
  - ・ボランティア活動（環境《かんきょう》，福祉《ふくし》，安全）

▲品川区内で行われている，みどりと花のボランティア

地域の役に立つために、まずは地域のことをよく知ろう。

ステップ4 実践《じっせん》・活用

- 学校にある集団や組織を生かして，地域のために役立つことに取り組んでいきましょう。
- 地域での活動に積極的に参加しましょう。

地域のために、学級や学年などでできることは何かな。

ステップ5 まとめ・自己評価

- 地域活動への取り組みを振《ふ》り返ってみましょう。
- 地域の人々との交流を深める行事や授業の内容について，考えることができましたか。
- 地域の一員として，地域の活動に関心をもつことができましたか。

27 節度ある行動

学習のねらい ★社会の一員としての自覚と規範意識《きはんいしき》をもち，その場に合った行動をとることができる。

ステップ1 こんなことはありませんか。
どうして守ることができないのでしょう。

駐輪禁止
みんなも置いているし…

自分さえよければ…

一人だとやらないのに
大勢《おおぜい》だと度をこしてしまうことについて，
話し合ってみましょう。

みんながしているから…
赤信号みんなで渡ればこわくない!

ステップ2

適切《てきせつ》な判断《はんだん》をもとに，主体的にその場に合った行動をとることが大切である。

ルールやマナーを守らない人がいるから，損《そん》をしているように思うのでしょうか。例えば，学校でみんながルールやマナーを守らなかったらどうなるでしょう。

ステップ 3 トレーニング

ミニもの知りコーナー

ルール…規則《きそく》やきまり。
マナー…態度《たいど》や礼儀《れいぎ》。

● 公共マナーについて，それぞれが守られているかどうか，考えてみましょう。

1．気づいたことを出し合う。

▼

2．問題点を整理し，解決《かいけつ》のために必要なことを話し合う。

▼

3．話し合ったことをもとに，目標カードに書く。

▼

4．目標を達成するために，具体的な行動の仕方を考え実践《じっせん》する。

ステップ 4 実践・活用

● 自分たちの暮《く》らしをよくし，みんなが気持ちよく過《す》ごせる社会にしていくための行動を心がけていきましょう。

● 社会の一員としての義務《ぎむ》を果たしていきましょう。

ステップ 5 まとめ・自己評価《じこひょうか》

● 自分で正しく判断し，その場に合った行動をとることができましたか。

● 地域《ちいき》の一員として自覚することができましたか。

28 相手を認《みと》めることの大切さ

学習のねらい ★だれに対しても差別することなく，相手を尊重《そんちょう》することができる。

ステップ1 あなたは，周りにいる人を本当に大切にしていますか。

ステップ2 人権《じんけん》を大切にするとは，すべての人が認め合い，支《ささ》え合うことである。

「あなたが，この世にたった一人しか存在《そんざい》しないのと同じように，あなた以外の人もすべて，かけがえのない存在なのです。」

ステップ 3 トレーニング

●人権について，話し合ってみましょう。

毎日，友達と過《す》ごすなかで，自分勝手に友達のことを決めつけていませんか。
「ありがとう」と言いたくなることが，ありませんか。
「○○さん，いいところあるな」と思うことが，ありませんか。

「そんなのないよ」と思っている人は，まちがっていませんか。
きっと，あなたの周りに，あなたのことを認めてくれている人がいるはずです。

「友達のよさ」をたくさん見つけられる，新しいあなたを発見してください。
そこには，今まで以上にすてきなあなたがいるはずです。

わたしと小鳥とすずと

金子みすゞ

わたしが両手をひろげても、
お空はちっともとべないが、
とべる小鳥はわたしのように、
地面《じべた》をはやくは走れない。

わたしがからだをゆすっても、
きれいな音はでないけど、
あの鳴るすずはわたしのように
たくさんなうたは知らないよ。

すずと、小鳥と、それからわたし、
みんなちがって、みんないい。

金子みすゞ童謡集『わたしと小鳥とすずと』（ＪＵＬＡ出版局）より

ステップ 4 実践《じっせん》・活用

●人を大切にするとはどういうことか考えて，行動していきましょう。

ステップ 5 まとめ・自《じ》己《こ》評《ひょう》価《か》

●人権について，これまでの自分をふり返ることができましたか。
●だれに対しても，同じように声をかけたり，協力したりすることができますか。

29

7年生

正しい行動をする意志と勇気

学習のねらい ★正義感をもち，常に望ましい行動を心がけることができる。

ステップ1 次のグラフや記事を見てどう思いますか。

[刑法犯少年のうち初発型非行による検挙人員の推移]

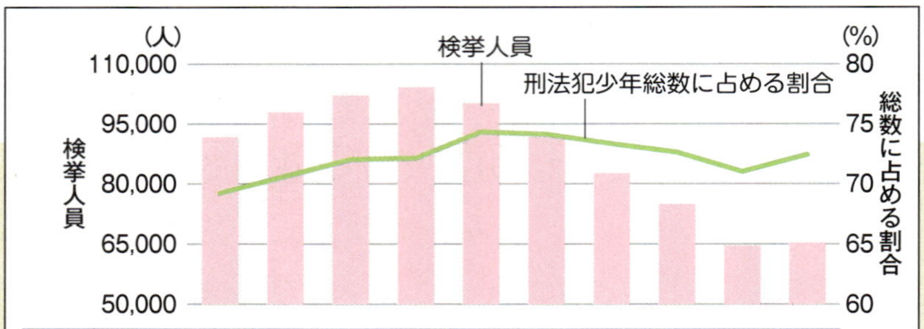

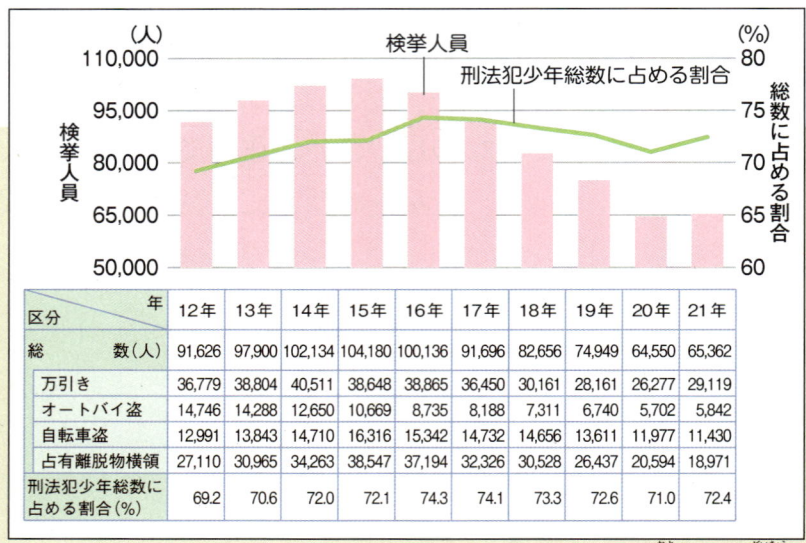

区分＼年	12年	13年	14年	15年	16年	17年	18年	19年	20年	21年
総　数（人）	91,626	97,900	102,134	104,180	100,136	91,696	82,656	74,949	64,550	65,362
万引き	36,779	38,804	40,511	38,648	38,865	36,450	30,161	28,161	26,277	29,119
オートバイ盗	14,746	14,288	12,650	10,669	8,735	8,188	7,311	6,740	5,702	5,842
自転車盗	12,991	13,843	14,710	16,316	15,342	14,732	14,656	13,611	11,977	11,430
占有離脱物横領	27,110	30,965	34,263	38,547	37,194	32,326	30,528	26,437	20,594	18,971
刑法犯少年総数に占める割合（%）	69.2	70.6	72.0	72.1	74.3	74.1	73.3	72.6	71.0	72.4

（警察庁「少年の補導及《およ》び保護の概況《がいきょう》」）

教育と法改正

たとえわずか100円の品物であろうと，それが店頭に並べられるまでにどれだけの人の手がかかっているか。原材料があり，それを採取したり育てたりする人，製造したりする人がいる。工場に運ばれて成型されて，検査を受けて箱詰《づ》めされる。トラックで運ばれて，店頭に並べられ，包装されて初めて客の手に渡《わた》るという，気の遠くなるような流通の仕組みがある。いったい一つの品物に何人の手を必要として，そこから利益を得て，かかわる人たちの生活を維持《いじ》するまでになるのか。これを大人も子どももあらためて理解してほしいものだ。

これまであまりにも軽く見られてきたために，いまだに多発している「万引き」を，「してはいけない。罪である」と教えることは実は困難かもしれない。だが，友だちの間で万引きが度胸試《だめ》しのように行われたり，イジメによる強要や，万引きを拒否《きょひ》したことによるイジメが起きたりすることもある子どもの社会の現実を考えれば，行政が断固とした対策をとらずにいることは非常に危険だ。

以前は懲役刑《ちょうえきけい》しかなかった「窃盗罪《せっとうざい》」に，50万円以下の罰金《ばっきん》刑が新設された改正刑法が平成18年4月，衆院本会議において全会一致《いっち》で可決，成立した。それまでの「窃盗罪」は10年以下の懲役のみであったため，万引きなどの懲役刑とするには重すぎるケースには，起訴猶予《きそゆうよ》にするなどして対応してきていた。

だが，万引きの摘発《てきはつ》件数が激増していることから，程度に応じて処罰できるように罰金刑を設けて抑止《よくし》効果を強めることにしたものだ。これにより万引き事犯が減少することを期待するばかりだが，法改正を招くほどの万引き犯すなわち窃盗犯＝泥棒《どろぼう》が多い日本の現状には嘆《なげ》くしかない。

（佐伯幸子「“危機管理時代”の知的護身術『第19回 子どもに万引きをさせない教育』」SAFETY JAPAN，日経BP社
http://www.nikkeibp.co.jp/sj/2/column/e/）

ステップ2 高い規範《きはん》意識と強い意志が求められる。

ステップ3 トレーニング

- なぜ罪を犯《おか》してしまったのか，罪を犯すとどうなるのかを考え，調べましょう。
- 警察の方など，犯罪を防ぐ人の話を聞いてみましょう。

ステップ4 実践《じっせん》・活用

- 自分の規範意識を高めるよう心がけていきましょう。

ステップ5 まとめ・自己評価

- 自分の行動を振《ふ》り返り，規範の大切さが理解できましたか。

30

7年生

正しい人権感覚

学習のねらい ★人権について自分の考えをもち，自らの行動や態度で示すことができる。

ステップ1 身のまわりの人権問題について知っていますか。

[いじめの発生件数の推移]

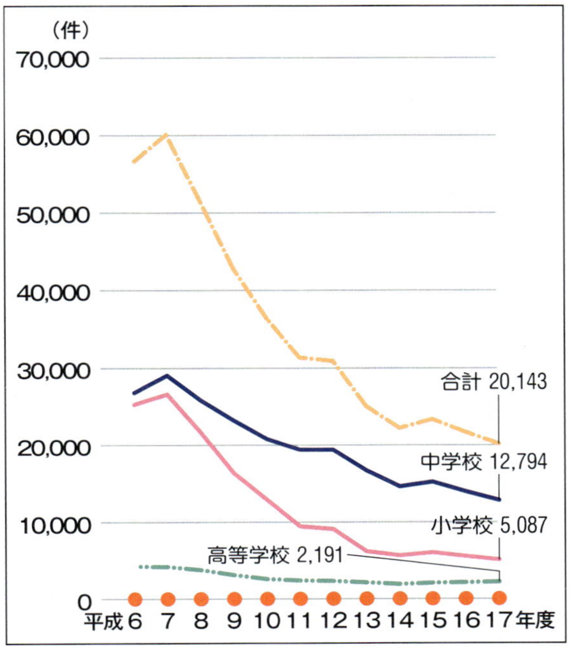

(件)
70,000
60,000
50,000
40,000
30,000
20,000
10,000
0
合計 20,143
中学校 12,794
小学校 5,087
高等学校 2,191
平成6 7 8 9 10 11 12 13 14 15 16 17年度

(文部科学省「児童生徒の問題行動等生徒指導上の諸問題に関する調査」より)

[いじめの内，パソコンや携帯《けいたい》電話等で誹謗《ひぼう》中傷や嫌《いや》なことをされた件数(中学生)]

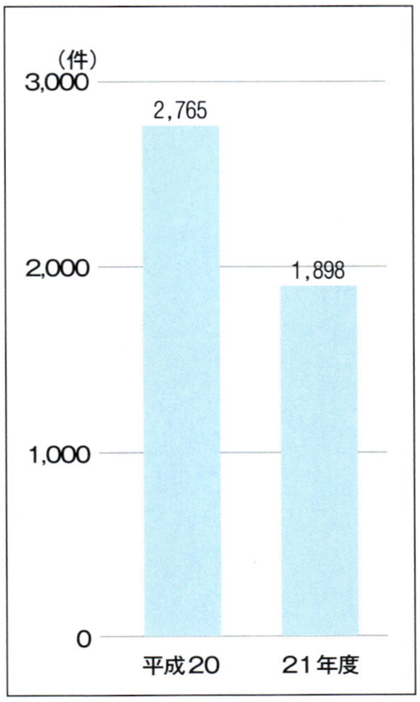

(件)
3,000
2,000
1,000
0
2,765
1,898
平成20
21年度

(同左)

第61回人権週間 12月4日～10日
みんなで築こう
人権の世紀
12月10日は
人権デーです
子どもの人権110番 0120-007-110
女性の人権ホットライン 0570-070-810

ステップ2 人権の尊重は，人間としての基本のルールである。

ステップ3 トレーニング

- 現在の人権に関する諸問題について調べ，意見をまとめてみましょう。
- 自分たちの人権が守られている事例を見つけ，話し合いましょう。

ステップ4 実践《じっせん》・活用

- 人権尊重を意識し，目標をもって行動しましょう。

ステップ5 まとめ・自己評価

- 人権を尊重することの意義について，説明することができますか。

31

自分の行動

学習のねらい ★社会生活において正しい判断《はんだん》をし，実行していくための行動指針《ししん》をもつことができる。

ステップ1

迷《まよ》ったとき，どうしていますか。自分自身の行動をふり返ってみましょう。

答えがわかったから，手をあげたい。
でも，まちがっていたらどうしよう。

授業《じゅぎょう》におくれないよう，教室にもどらなきゃ。
急いで行かなくちゃ。
でも，友達も一緒《いっしょ》だからゆっくりでもいいか。

ゲームもしたいし。
勉強もやらなくちゃ。
でも，めんどうくさい。
あしたでもいいか。

ステップ2

「座右《ざゆう》の銘《めい》」は，自分の行動に力をあたえてくれる。

●だれにでも心の弱さがあります。なまけたい，さぼりたい，ごまかしたい。そのような心にうちかつ人になれるように，自分なりの理想の行動を決める言葉をもちましょう。

★理想の自分に近づくための座右の銘（児童作品）

わたしの選んだ座右の銘は，「一所懸命《いっしょけんめい》」です。なぜ選んだのかというと，わたしはやることを中途半端《ちゅうとはんぱ》にしたり，途中《とちゅう》であきらめたりすることが今までにいくつかあったので，この一所懸命という言葉が，これからの自分にはぴったりだと思ったからです。学校でも，係の仕事や委員会の仕事を任《まか》されたときに，最後までやりとげられる人になりたいです。

ぼくが選んだ座右の銘は「先手必勝」です。ぼくは，いろいろなことを後回しにして，あまりよい成《せい》績《せき》を修《おさ》めることができないことがありました。この言葉を知ってから，自分から積極的に行動を起こしてみました。するとよい成績を修めることができました。勉強だったら，人より先に手をあげるとよいし，明日の勉強の予習をするのもよいです。ただ，あまり積極的になりすぎると周りの人がつまらなくなることもあるので，他の人にゆずることも大切だと思います。

ぼくの座右の銘は，「天は人の上に人をつくらず，人の下に人をつくらず。」です。いじめや外見で差別をしたりする人がいますが，人にはたくさんのよいところがあって，まだよいところを出せていない人もいます。だから，そのよいところをたくさん見つけてあげるために，差別などはしないほうがよいと思います。ぼくは，人はみな平等という心をもって生きたいです。

わたしの座右の銘は「徹頭徹尾《てっとうてつび》」です。わたしは途中でめんどうくさくなって適当《てきとう》にやってしまったことがあります。今，下級生のために卒業制作《せいさく》を作っていますが，何十年と残るものなので，適当にやったらみっともないです。また，これから中学に行くとたくさんの仕事を任されると思います。そこで適当にやったら自分がはじをかくと思います。そんなとき，この座右の銘を思い出してがんばろうと思います。

ステップ3 トレーニング

- 自分の家族に，「座右の銘」を聞いてみましょう。
- 偉業《いぎょう》を成しとげた人たちの「座右の銘」を調べてみましょう。

ステップ4 実践《じっせん》・活用

- 自分の行動や態度《たいど》を「座右の銘」で勇気づけていきましょう。
- 理想の自分に近づくように，意志《いし》をもって生活していきましょう。

ステップ5 まとめ・自己評価《じこひょうか》

- 「座右の銘」で，自分の行動や態度が変わりましたか。

名言・名句《めいく》

人に勝つより自分に勝て。

＊嘉納治五郎《かのうじごろう》（1860～1938年）

自分の心の弱さにうちかつことにより，初めて強い人になれるという意味。柔道《じゅうどう》を始めた嘉納治五郎の言葉。

32

差別や偏見《へんけん》をなくそう

学習のねらい ★差別や偏見を許《ゆる》さず，だれに対しても誠意《せいい》をもって接《せっ》することができる。

自分とほかの
人とは、ちがっ
てあたりまえ。
相手のことを
尊重《そんちょう》する心をも
とう。

ステップ1　あなたは，どう思いますか。

悪　口

好きな友達，きらいな友達

仲間はずれ

いじめ

こんでいても優先的《ゆうせんてき》にすぐ入れる障害者《しょうがいしゃ》用の入り口と，それ以外の入り口の長い列。

なぜ，「優先」ということがあるのかな。

ステップ2　差別や偏見に気づくことが大切である。

- 自分を規準《きじゅん》にして，相手を見ていませんか。

ミニもの知りコーナー

差別…相手によって接し方やかかわり方を変えること。ほかよりも価値《かち》の低いものとしてあつかうこと。

偏見…かたよった見方・考え方。ある集団《しゅうだん》や個人《こじん》に対して，客観的な根拠《こんきょ》なしにいだかれる非《ひ》好意的な先入観や判断《はんだん》。

ステップ3　トレーニング

- 差別や偏見のないクラスにするためにはどうすればよいか話し合ってみましょう。
- 話し合ったことをもとに，自分たちが守っていくことや，みんなに呼《よ》びかけたいことを，「人権《じんけん》標語」や「人権ポスター」で表してみましょう。

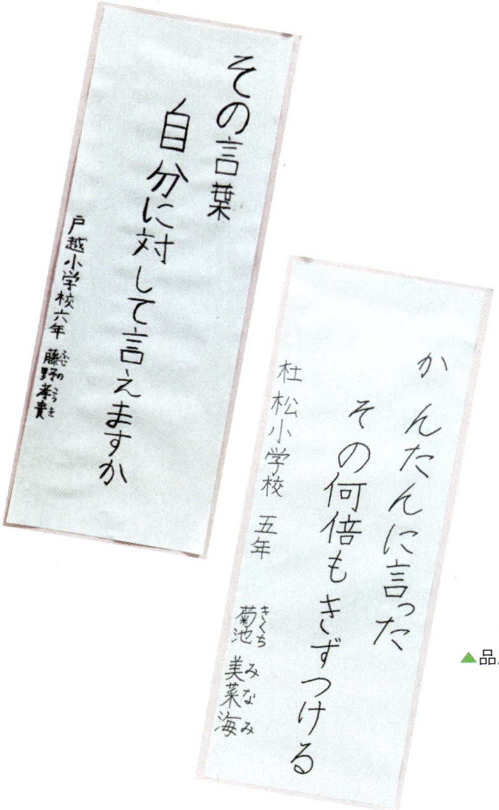
その言葉
自分に対して言えますか
戸越小学校六年　藤野孝貴
かんたんに言った
その何倍もきずつける
杜松小学校　五年
菊池《きくち》　美菜海《みなみ》

大丈夫?
こう言われると
心が
ぽっと
温まる

▲品川区の小学生がかいた人権標語とポスター

ステップ4　実践《じっせん》・活用

- ふだんの生活で，だれに対しても公正・公平に接するように，自分の言動を確認《かくにん》していきましょう。

思いやりの心をもつことが大切なんだね。

ステップ5　まとめ・自己評価《じこひょうか》

- 差別や偏見が，なぜ人として許されない行為《こうい》なのか，説明することができますか。

名言・名句《めいく》

天は人の上に人を造《つく》らず，
人の下に人を造らずと言えり。
＊福沢諭吉《ふくざわゆきち》（1835～1901年）

33 公正・公平な態度《たいど》

学習のねらい ★自分の身のまわりの出来事に対して，公正・公平な判断《はんだん》をして行動することができる。

ステップ1 公正・公平の意味について，考えてみましょう。

●アメリカの黒人に対する人種差別をなくそうとたたかったマーティン・ルーサー・キングに関する文章を読んで，考えたことを話し合いましょう。

マーティン・ルーサー・キングは1929年1月15日，アメリカ南部ジョージア州アトランタで生まれました。父親は有名な牧師《ぼくし》で，地域《ちいき》の黒人たちの信頼《しんらい》も厚《あつ》く，家庭も裕福《ゆうふく》でした。

しかし，ほかの黒人の子どもたちと同じように，幼児期《ようじき》，青春期と成長するなかで，マーティンもいろいろな人種差別をうけました。そのころのアメリカ南部は，白人が黒人を厳《きび》しく差別する社会で，そのための法律《ほうりつ》もありました。たとえば，黒人は，決められた公共の水飲み場やトイレしか使えませんでした。また，黒人が買い物をするときも，店の外にあるわきの窓口《まどぐち》にまわされることもしばしばでした。映画《えいが》を見にいっても，白人専用《せんよう》の一階にはすわれず黒人用の二階にあがらなければなりませんでした。黒人は，白人といっしょに学校に通うこともなければ，いっしょに公共の図書館や公園に行くこともできなかったのです。

人種差別は，人々の心の中にも深く根づいていました。たとえば，マーティンがまだほんの子どもだったころ，とつぜん，ふたりの白人の友だちと遊んではいけないといわれました。ふたりの母親は，もう黒人の子どもと遊ぶ年ではなくなったのよといって，マーティンを家に送りかえしたのです。

しかし，マーティンの両親は，けっして，自分がおとっていると思ってはいけないと息子《むすこ》にいいきかせました。そして，人々がこんなことをするのは，黒人のことを知らないのと，長い間のまちがったものの見方のせいなのだとさとしました。しかし，マーティンの心はひどく傷《きず》つきました。

でも，マーティンは勇気づけられることもありました。それは，父親の態度や行動がとても威厳《いげん》に満ちたものだったからです。

当時，一部の白人たちは，黒人に対して，相手が目上の老人でもかまわず，「小僧《こぞう》」と呼《よ》びつけにしました。しかし，マーティンの父親は，そのような侮辱《ぶじょく》をだまってうけいれはしませんでした。ある日，警官《けいかん》が道で父の車を止めていいました。「小僧，免許証《めんきょしょう》を見せな。」すると，父は，息子を指さして答えました。「そこにいる子どもが見えるかい？　こいつが，おまえのいう『小僧』だ。ことばづかいには気をつけてほしいね。わたしは，一人前の男だよ。」

白人に「思いあがったやつ」とにらまれる危険《きけん》を，父は承知《しょうち》していました。しかし，あえてそのような行動をとる父親の勇気と威厳を，マーティンはとても尊敬《そんけい》するのでした。

マーティンはその後，黒人に対する人種差別をなくすために全力をつくし，その結果，1964年，黒人と白人の平等を定めた公民権法《こうみんけんほう》が制定《せいてい》されました。また，その運動を非暴力《ひぼうりょく》でつらぬいたことから，同年，ノーベル平和賞もおくられました。

参考図書：『伝記 世界を変えた人々2 キング牧師』（V.シュローデト，P.ブラウン著《ちょ》　松村佐知子《まつむらさちこ》訳《やく》　偕成社《かいせいしゃ》刊《かん》）

考えよう

- 警官に対する父親の行動を見たマーティンは，どんな気持ちだったでしょうか。

ふり返ろう

- だれかが公平でないあつかいを受けているのを見たことがありますか。そのときどんなことを考えましたか。

ステップ 2

多くの立場からの視点《してん》で，かたよりがないか判断しなければならない。

ミニもの知りコーナー

公平…ものや人に対する判断や行動について，かたよりがないこと。

ステップ 3 トレーニング

- ふだんの生活で，公正・公平である，またはそうでないと感じる場面を出し合い，多くの視点からかたよりがないか判断し直してみましょう。

ステップ 4 実践《じっせん》・活用

- ふだんの学習や生活において，公正・公平を意識《いしき》するようにしていきましょう。
- 不公平だと思ったことは，おたがいに注意していきましょう。

ステップ 5 まとめ・自己評価《じこひょうか》

- 家の人と，公正・公平について，話をしてみましょう。
- 自分の言動や行動を見直すことができるようになりましたか。

34 実社会での法やきまり

7年生

学習のねらい ★わたしたちを取り巻く法ときまりについての正しい知識をもち，行動することができる。

ステップ1 あなたにかかわりのある法律について，知っていますか。

日本国憲法

第25条【生存権，国の社会的使命】

1 すべて国民は，健康で文化的な最低限度の生活を営む権利を有する。

2 国は，すべての生活部面について，社会福祉《ふくし》，社会保障及《およ》び公衆衛生の向上及び増進に努めなければならない。

第26条【教育を受ける権利，教育の義務】

1 すべて国民は，法律の定めるところにより，その能力に応じて，ひとしく教育を受ける権利を有する。

2 すべて国民は，法律の定めるところにより，その保護する子女に普通《ふつう》教育を受けさせる義務を負ふ《(う)》。義務教育は，これを無償《むしょう》とする。

【生活保護法】

第3条（最低生活）

この法律により保障される最低限度の生活は，健康で文化的な生活水準を維持《いじ》することができるものでなければならない。

第13条（教育扶助《ふじょ》）

教育扶助は，困窮《こんきゅう》のため最低限度の生活を維持することのできない者に対して，左※に掲《かか》げる事項《じこう》の範囲《はんい》内において行われる。

1 義務教育に伴《ともな》つて必要な教科書その他の学用品

2 義務教育に伴つて必要な通学用品

3 学校給食その他義務教育に伴つて必要なもの

【教育基本法】

第4条（教育の機会均等）

1 すべて国民は，ひとしく，その能力に応じた教育を受ける機会を与《あた》えられなければならず，人種，信条，性別，社会的身分，経済的地位又《また》は門地《もんち》によって，教育上差別されない。

第5条（義務教育）

1 国民は，その保護する子に，別に法律で定めるところにより，普通教育を受けさせる義務を負う。

4 国又は地方公共団体の設置する学校における義務教育については，授業料を徴収《ちょうしゅう》しない。

※原文のまま掲載《けいさい》

ステップ2

権利と義務で社会は保たれている。

一人一人の権利を守るために法律が定められ、その法秩序《ちつじょ》を守るために義務がある。

ステップ3

トレーニング

- わたしたちの生活を守っている法律やきまり，条例について，調べてみましょう。
- きまりや条例が定められている意義について考えてみましょう。
- 自分の意見を発表してみましょう。

〈交通法規がなかったら〉

わたしたちの生活には、さまざまな法律がかかわっているね。

ステップ4

実践《じっせん》・活用

- 法は人としての生活を保障するものです。法を守る意識をしっかりと身につけていきましょう。

ステップ5

まとめ・自己評価

- 社会の秩序を保つために，法律の必要性を理解することができましたか。

35

7年生

現代社会の問題

学習のねらい ★社会の出来事に関心をもち，自分のすべき態度や行動をとることができる。

ステップ1 今，日本で問題となっている事柄《ことがら》を理解していますか。

▲株価が大幅《おおはば》に下落
（2010年）

▲失業し，仕事を求めてハローワークを訪《おとず》れる人々
（2009年）

▲医師不足で長時間待たされる外来患者《かんじゃ》たち
（2007年）

▲食料輸入が止まった場合に想定される夕食
（2008年）

近年，我《わ》が国では，急速な少子化の進行や就業形態の多様化，情報化社会の進展等により，青少年を取り巻く環境《かんきょう》が大きく変化しています。

このような状況《じょうきょう》の下《もと》，不安定な就労環境やニートなど若者をめぐる問題が深刻化しています。青少年は，我が国の未来を担《にな》う大切な存在であり，こうした困難に直面している若者の置かれている状況を把握《はあく》し，一人ひとりの状況に応じた柔軟《じゅうなん》な支援《しえん》をしていかなければなりません。また，若者が自立し，職業を持ち，結婚《けっこん》や子育てを前向きに捉《とら》えられるようにしていくことは，少子化対策という観点からも非常に重要です。

さらに，若者による重大な事件，児童虐待《ぎゃくたい》や子どもが被害者《ひがいしゃ》となる事件等が多発するとともに，青少年の健全な育成を阻害《そがい》するおそれのある有害な情報の氾濫《はんらん》も懸念《けねん》されているところです。次代を担う青少年を非行や犯罪被害から守り，安全・安心を確保することも，政府が取り組むべき重要な課題です。……

（内閣府『平成20年版　青少年白書』「青少年白書の刊行に当たって」）

ステップ 2　問題を知らなければ，解決を図《はか》ることができない。

- 今，日本の社会で問題となっている事柄について，他人事とは思わず，その原因を知り，解決に向けて自分なりに気をつけていくことや，できることを考えることが大切です。

日本の社会で問題となっている事柄について、まずは、自分の問題としてとらえることが大切なんだね。

ステップ 3　トレーニング

- 詳《くわ》しく知りたい社会問題を一つ選び，情報を収集し，次のことについてまとめてみましょう。

①その内容　③自分とのかかわり
②その原因　④自分なりに考えた解決策

- お互《たが》いに調べたり，考えたりした内容を発表し，討論してみましょう。
- その問題についてどう考えているか，周りの大人に聞いてみましょう。

日ごろから、新聞やテレビのニュースに関心をもとう。

ステップ 4　実践《じっせん》・活用

- 新聞やテレビのニュースに関心をもって生活していきましょう。
- 社会の問題に対して，自分の考えをまとめるようにしていきましょう。また，今できることがあれば，実践していきましょう。

ステップ 5　まとめ・自己評価

- 社会で問題となっている事柄について，どうすればよいか，考えることができましたか。

36 自分たちの学校

学習のねらい ★学校行事の意義《いぎ》を理解《りかい》し，積極的に参加し協力することができる。

ステップ1 あなたの学校には，どのような行事がありますか。

一学期	始業式 1年生をむかえる会 遠足 離任式《りにんしき》 地域《ちいき》の子ども班《はん》会議 運動会 終業式
二学期	始業式 日光移動《いどう》教室 連合体育大会 学習発表会 （学芸会・展覧会《てんらんかい》） 終業式
三学期	始業式 卒業遠足 お別れスポーツ大会 6年生を送る会 お別れ会 修了式《しゅうりょうしき》 卒業式

▲1年生をむかえる会

▲日光移動教室

▲連合体育大会

▲学習発表会

▲卒業式

ステップ 2　学校行事に対する一人一人の取り組みが，学校のよい伝統《でんとう》をつくる。

●組体操《くみたいそう》を見たある保護者《ほごしゃ》のお手紙から

全学年の競技《きょうぎ》を見ました。特に５・６年生の組体操のタワーの場面にとても感動しました。タワーを完成させようと何度もチャレンジしている５・６年生に，入学したばかりの１年生たちから自然に「がんばれ～」「絶対《ぜったい》できるぞ～」と声があがり始めました。その姿《すがた》を見て，またまた感激《かんげき》してしまいました。

ステップ 3　トレーニング

●〈6年生の4月〉 6年生として，学校行事にどう取り組んでいくか考えましょう。
- ・それぞれの行事の目的や意義を考えてみましょう。
- ・それぞれの行事に対して自分たちができることを考えてみましょう。

●〈6年生の3月〉 1年間，学校行事にどう取り組んできたかをふり返りましょう。

ステップ 4　実践《じっせん》・活用

●各学校行事が終わったあと，自分がどのように学校行事にかかわることができたかをふり返りましょう。

●次の学校行事に向けて，どのようにかかわっていったり，取り組んでいったりすればよいかを考えましょう。

ステップ 5　まとめ・自己評価《じこひょうか》

●学校行事の意義を理解し，どう取り組んでいくことが大切か考えることができましたか。

●学校行事に積極的に参加し，協力して取り組むことができましたか。

37 あなたが暮《く》らす日本

学習のねらい ★郷土《きょうど》やわが国の伝統《でんとう》・文化を大切にし，先人の努力を知り，郷土や国を愛する心をもつことができる。

ステップ1 日本にはどのような伝統・文化がありますか。

ミニもの知りコーナー

伝統…古くから特色として受けつがれてきたこと。しきたり。
文化…学問，芸術《げいじゅつ》，法律《ほうりつ》，経済《けいざい》など，人間の精神《せいしん》のはたらきによって築《きず》いたもの。

ステップ 2　日本には，世界にほこれる伝統・文化がある。

ステップ 3　トレーニング

- 日本の伝統・文化を調べてみましょう。
- また，それらを継承《けいしょう》するための努力や苦労，人々の思いや願いも調べてみましょう。

ステップ 4　実践《じっせん》・活用

- 日本の伝統・文化にふれてみましょう。

▲江戸里神楽《えどさとかぐら》

▲荏原《えばら》神社例大祭

▲大井囃子《おおいばやし》

ステップ 5　まとめ・自己評価《じこひょうか》

- 日本の伝統・文化にふれたり，参加したりしたことをまとめ，発表しましょう。
- 「日本の伝統・文化と自分」というテーマで，文章にまとめてみましょう。

38 地域《ちいき》と連携《れんけい》した活動計画づくり

学習のねらい ★地域の行事や活動に参画することができる。

ステップ1 あなたが住んでいる地域には，どのような行事や活動がありますか。

▲清掃《せいそう》活動

▲エコ活動

▲ねぶた祭り

ステップ2

地域に対する一人一人の意識《いしき》や行動が，よりよい地域をつくる。

ステップ3 トレーニング

- 地域の行事や活動で，自分たちが参画できることはないか考えましょう。
- 地域の行事や活動に参画するために，「活動計画書」を作ってみましょう。

活動計画書

タイトル

ねらい

具体的な内容《ないよう》

スケジュール

準備《じゅんび》するもの

責任者《せきにんしゃ》

ステップ 4 実践《じっせん》・活用

- 地域活動に参画して，活動の目的や取り組みについて理解《りかい》していきましょう。
- 活動内容や一緒《いっしょ》に活動した人，活動後の感想や自分の考えを「地域活動チャレンジカード」にまとめて，記録していきましょう。

【地域活動チャレンジカード】	
どんな活動をしたか	区民祭り（自転車の整理と模擬店《もぎてん》の手伝い）
一緒に活動した人	町会の役員の人たち
感想・自分の考え	いつもは遊びに行って楽しんでいるだけだったけど，今年は運営《うんえい》する側を体験してみて，その大変さがわかった。自転車は，整理しても整理しても，次々にやってくるところが大変だったし，模擬店は，お客さんが多くてとてもいそがしかった。知らない人と一緒に仕事をすることになっていたので，初めはうまくいくか心配だった。でも終わるころには，すごく仲よくなって，大人や中学生とも楽しく仕事ができてうれしかった。今では，道で会ったときも，あいさつしたり，話をしたりして，親しくしている。

〈地域活動に連携して取り組むために〉

①調べた地域活動の中から，連携してみたい地域活動を選びます。

②連携できるかどうか，お知らせやポスターを読んだり，担当《たんとう》の人に問い合わせたりします。

③自分たちの企画《きかく》について説明します。

④具体的な計画をつくります。

ステップ 5 まとめ・自己評価《じこひょうか》

- 地域活動に連携して参画することで，学んだことはありますか。
- 地域の人たちの努力について，理解できましたか。
- 今後，どのような連携ができるか考えることができましたか。

39

7年生

文化祭などの具体的な活動計画

学習のねらい ★文化祭などの文化的行事をみんなの力でつくり上げることができる。

ステップ1 **文化祭などの文化的行事はみんなの力でつくり上げていくことに意味があります。ねらいを明確にして，企画《きかく》や運営の手順について工夫《くふう》し，協力して活動しましょう。**

●実行委員を組織し，生徒の力で文化的行事を盛り上げましょう。

(例)実行委員の仕事内容

〈クラス発表について〉

①どんな発表にするのかの話合いの中心になる。

・舞台《ぶたい》発表(合唱，演劇，演舞，ダンス，楽器演奏，和太鼓《わだいこ》演奏など)

・展示発表(研究発表，展示作品作りなど)

②練習や準備の計画を立て，係分担をし，練習や準備がスムーズに進むように中心になって推進する。

・舞台発表(パートリーダー，セクションリーダー，脚本《きゃくほん》作り，照明，音響《おんきょう》，衣装《いしょう》，大道具・小道具，製作用具の準備，会計，練習・準備の場所の確保など)

・展示発表(研究テーマ，情報収集，図表作り，掲示物《けいじぶつ》作り，宣伝ポスター作り，当日の受付，当日の解説など)

③みんなの気持ちが盛り上がるように，自ら行動し，呼びかける。

④担任の先生や担当の先生とよく連絡《れんらく》をとる。

〈学校全体にかかわること〉

①係分担にそって，係の仕事を進める。

(司会進行，司会原稿《げんこう》作成，プログラム作り，めくりプロ作り，会場準備，装飾《そうしょく》，ポスター，音響，幕，照明，看板作り，受付準備など)

②スローガンを決めたり，イメージキャラクター・装飾物・ポスターを作る。

③クラス発表に関する情報(題名や所要時間・進行状況《じょうきょう》など)を実行委員会に伝えたり，委員会での連絡事項《じこう》をクラスに伝えたりする。

④当日の運営の仕事をする。

(司会進行，受付，誘導《ゆうどう》，会場・舞台設置など)

ステップ 2 みんなの力でつくり上げることが大切である。

【ステージマネージャーの仕事紹介《しょうかい》】

コンサートでステージスタッフをまとめ，プログラムの進行を円滑《えんかつ》に進めるのがステージマネージャーの仕事です。コンサートプランにそって，正しく進行するように各所に気を配り，なんらかのアクシデントが発生した場合は，速《すみ》やかに対処法を考えて各スタッフに指示します。

だれよりも早く会場に入って準備を整え，終演後は，すべてのあと片づけをして，いちばん最後に出るというハードな仕事です。出演者も聴衆《ちょうしゅう》も，みんなが気持ちよくコンサートに参加できるように，縁《えん》の下でしっかりと支えているのがステージマネージャーなのです。

ステップ 3 トレーニング

役割分担、
係分担など、
みんなでよく
話し合うこと
が大切だよ。

- 次のことについて，取り組んでみましょう。
  - ・文化祭などで自分たちが伝えたいメッセージを考えてみましょう。
  - ・自分たちの学校で文化祭などの実行委員を結成し，役割の分担をしてみましょう。
- 次のことについて，考えてみましょう。
  - ・クラスや学年で文化祭を成功させるために協力すべき点を具体的に考えてみましょう。

ステップ 4 実践《じっせん》・活用

- 学校の特色や伝統を考えて，それらを生かした企画を立てましょう。
- 見通しをもって計画的に活動を進めていきましょう。

ステップ 5 まとめ・自己評価

- 意欲的に文化祭などの企画の運営，または参加，協力ができましたか。
- 協力して何かをつくり上げる喜びや達成感・充実感《じゅうじつかん》を感じることができましたか。

40

楽しい集会の計画を立てよう
～企画《きかく》立案の手順～

学習のねらい
★学級や学校の行事や集会活動について，全体を見通した計画を立て，進んで参加することができる。

ステップ1
学校には行事や集会がたくさんあります。
楽しい会にするためには，どうしたらよいでしょうか。

ステップ2
楽しく充実《じゅうじつ》した学校行事や集会にするためには，全体を見通した計画や役割分担《やくわりぶんたん》，そしてなにより全員の協力が必要である。

ステップ3
トレーニング

●次のような手順で楽しい学校行事や集会の計画を立ててみましょう。

●活動計画の内容《ないよう》

- 活動名
- 実施《じっし》日時
- 活動のねらい
- 活動内容・プログラム
- 準備《じゅんび》
- 役割分担

いつ　どこで
どんなことを
だれが・どのグループが
どのような方法で

学校行事（学芸会の取り組み）

①台本を作る。
②台本の意図を読み合う。
③学年・学級のスローガンを考える。
④当日までの準備計画を立てる。
⑤役割を工夫《くふう》する。
⑥練習過程《かてい》を伝え合い，認《みと》め合う。

学級会（学級集会の取り組み）

①集会で何をしたいかアンケートをとり掲示《けいじ》する。
②帰りの会などで種目を決定する。
③ルール，必要な役割について話し合う。
※種目を何にするかの話合い　ルール，役割分担については計画委員またはレクリエーション係が担当《たんとう》する方法もある。

次は係ごとの話合いだね。
学芸会コーナー
スローガン
当日までの準備計画ができたね。

ステップ4　実践《じっせん》・活用

●ステップ３の手順をもとに，学校行事や集会の企画立案をしていきましょう。

【学級集会の実践例】

学級会

議題「新春　カルタ大会を開こう」
提案《ていあん》理由　新しい年になったので，みんなでお正月遊びをしたい。
やる日　１月20日（金）５時間め
場所　教室
1．どんなルールにするか？
・３チームに分かれて３回行い，合計点をきそう。
2．盛《も》り上げる工夫
・オリジナルカルタにする。
（友達のことをしょうかいするカルタを作る。）
3．役割分担
・カルタを作る人
・司会
・審判《しんぱん》

ステップ5　まとめ・自己評価《じこひょうか》

●学級・学校の行事や集会活動について，全体を見通した計画を考え，立てることができましたか。
●また，学校行事や集会をふり返って，よかった点や課題をまとめましょう。

自《じ》己《こ》アピールしよう

学習のねらい
★自分のことを効《こう》果《か》的《てき》にアピールする方法について学ぶことができる。

ステップ 1
なぜ，自分のことをアピールする必要があるのでしょうか。

ステップ 2
自分のことを十分わかってもらうためには，効果的に表現《ひょうげん》する必要がある。

ステップ 3 トレーニング

●人とちがった自分らしい見方や切り口で，自分を表現してみましょう。

①どのような表現の方法が，自分らしさをアピールするうえで効果的か考えてみましょう。

②自分を効果的にアピールするCMを作ったりコンテストを開いたりしましょう。

ステップ 4 実践《じっせん》・活用

●学んだアピールの仕方を，行事や集会などに生かしていきましょう。

【「オンリーワン」の話し方】

アナウンサーによる出張《しゅっちょう》課外授業《じゅぎょう》の「話し方の基礎講座《きそこうざ》」の中で，次のようなお話がありました。

> 世界でたった一つ，自分にしか話せないことを話しましょう。
> そのためには，自分がいちばん伝えたい明確《めいかく》なゴールを決め，そのゴールの内容《ないよう》をより相手に伝わりやすくするための具体的なエピソードを考えましょう。

自分自身をアピールするうえで，自分しか話せない，自分だから話せる「オンリーワン」の話し方を心がけ，身につけていきましょう。

ステップ 5 まとめ・自己評価《ひょうか》

●自分のことをアピールするため，効果的な表現の方法を学ぶことができましたか。

41

発表会を開こう

学習のねらい

★体験的活動や調べ学習などを通して，わかったことや自分の思い・考えを効果的《こうかてき》な表現《ひょうげん》方法を用いて発表することができる。

ステップ1 自分たちが体験し，調べ，まとめてきた学習をふり返りましょう。

▲アイマスク体験

▲「活動計画書」づくり

▲スチューデントシティ

▲ワールドスクウェアガイド

ステップ2 「発表の力」を高めれば，自分の大きな‘財産《ざいさん》’となる。

［発表の際，話し手が聞き手にあたえるえいきょう力］

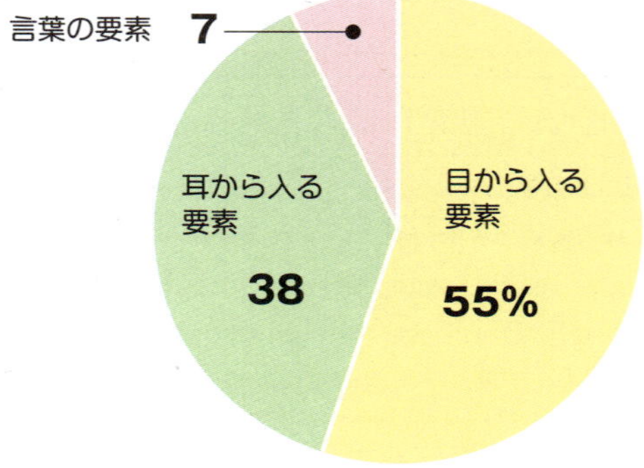

（Albert Mehrabian“Nonverbal Communication”より）

●人前で発表する際《さい》，服装《ふくそう》，表情《ひょうじょう》，姿勢《しせい》，身体のかたむき，手，目の動かし方といった「目から入る要《よう》素《そ》」が聞き手に大きなえいきょうをあたえています。

ステップ 3 トレーニング

- 自分たちが体験したり，調べ，まとめたりしたものを相手により効果的に伝えるためにはどんな工夫《くふう》をすればよいか考えましょう。
- さまざまな発表方法から自分たちに適《てき》した方法を選びましょう。

	模造紙《もぞうし》	OHP	プロジェクター(パソコンソフト)の活用	パンフレット	クイズ形式	劇《げき》・紙芝居《かみしばい》・ペープサート
よいところ	たくさんの情報《じょうほう》を見せられる。	写真などを拡大《かくだい》して見せられる。	広い場所でも発表できる。グラフや表が作りやすい。写真も見せることができる。	くり返し読める。構成《こうせい》の工夫で内容《ないよう》を印象づけることが可能《かのう》。	聞く人に楽しんで参加してもらえる。	情報を楽しく受け取ってもらえる。わかりやすい。
難《むずか》しいところ	大きい紙に書くので作業に時間がかかる。	資料《しりょう》の整理が必要。シートやスクリーンが必要。	パソコンの使い方に慣《な》れていないと，時間がかかる。	限《かぎ》られた紙面に要点をまとめること。	クイズにするためのポイントを判断《はんだん》すること。	台本を書くのが難しい。衣装《いしょう》や絵を用意するのに時間が必要。十分な練習も必要。

ステップ 4 実践《じっせん》・活用

- 自分たちが体験したり，調べたりまとめたりしたものの発表会を行いましょう。
- 発表について，友達と相互《そうご》に「よかったところ」，「改善《かいぜん》したほうがよいところ」などを出し合いましょう。

	声の大きさ	話す速さ	口調	態度《たいど》	見てわかりやすい工夫	構成	言葉	発表方法の選び方	アドバイス
Aさん	○	△	△	○	◎	○	○	○	一本調子で早口だった。 よくようをつけて，ゆっくり話すとわかりやすくなると思う。
Bさん	◎	◎	◎	◎	◎	○	◎	◎	劇だったので，難しいこともわかりやすかった。

ステップ 5 まとめ・自己評価《じこひょうか》

- 友達からもらった「評価カード」をもとに，より効果的な発表の仕方について，見直すことができましたか。

42 インターネットの活用

学習のねらい ★インターネットの有効《ゆうこう》な利用方法を知り，正しく活用することができる。

ステップ1 あなたは，どんな方法で調べますか。

みなさんは，勉強していてどうしてもわからないときや，自分の本や図書室の本で調べてもわからないとき，どうしますか。

①手紙

②電話

はい、よくわかりました。ありがとうございました。

③ファクシミリ

④インタビュー

⑤インターネット，電子メールなど

インターネットを活用したほうが便利なことは，どのようなことでしょうか。

ステップ2 インターネットの特徴《とくちょう》を理解《りかい》して活用することが大切である。

●何でもインターネットで調べ，学習を進めてもよいのでしょうか。

インターネットですべてを解決《かいけつ》することはできません。インターネットでの情報検索《じょうほうけんさく》は，学習方法の一つです。インターネットで学習したことを実際《じっさい》に見学し，インタビューを行うなどし，いろいろな調べる手だてを組み合わせて学習を深めていきましょう。

ステップ 3　トレーニング

〈インターネットで目的に応《おう》じた調べ方〉

●インターネットで「日光《にっこう》」について調べてみましょう。

1. テーマ
2. ねらい（目的）
3. 必要な情報
4. 情報の使い方

検索用語をいろいろと変えて調べるなど、工夫《くふう》をして情報を収集《しゅうしゅう》しよう。

・ホームページの内容《ないよう》を「写す」ことは学習ではありません。ねらいをふまえて，自分でまとめましょう。

・関連している団体《だんたい》，個人《こじん》，施設《しせつ》を探《さが》してみましょう。

▲Yahoo! きっずホームページ
（http://kids.yahoo.co.jp/）

ミニもの知りコーナー

著作権《ちょさくけん》…ほかの人が作ったものを，許可《きょか》を得ずに勝手に使ってはいけません。音楽や漫画《まんが》，写真，みなさんの作った作文や詩などにも著作権はあります。

インターネット　～これをしてはダメ！～

◆ホームページを見たり，メールを使うとき

①ホームページにある内容をすべて正しいと考えること。
②自分の判断《はんだん》だけで，ホームページやメールを活用すること。
③勝手にダウンロードやネットショッピングをすること。
④メールに，自分や友達の住所，電話番号，誕生日《たんじょうび》を記入すること。
⑤メールに，自分や友達の写真を使うこと。
⑥アニメキャラクターやほかの人が作った作品などを使用すること。

ステップ 4　実践《じっせん》・活用

●調べ学習や興味《きょうみ》・関心をもったときに，必要に応じてインターネットのよりよい活用の方法を考えていきましょう。

ステップ 5　まとめ・自己評価《じこひょうか》

●インターネットの便利さが理解できましたか。
●インターネットを自分の調べ学習などに上手に活用し，役立てることができましたか。

43 プレゼンテーション力をつける

7年生

学習のねらい ★自分の考えを他者が理解しやすいように，効果的に説明・表現する方法を身につけることができる。

ステップ1 さまざまな発表における効果的なプレゼンテーションについて，考えてみましょう。

ステップ2

プレゼンテーションとは，伝えることを目的とした表現方法の一つである。

- スライドを使ったプレゼンテーション
- コンピュータを使ったプレゼンテーション
- 紙芝居《かみしばい》を使ったプレゼンテーション
- 模造紙を使ったプレゼンテーション
- OHPやOHCを使った
プレゼンテーション
- ロールプレイを活用した
プレゼンテーション

ステップ3 トレーニング

- プレゼンテーションの方法を身につけましょう。

【プレゼンテーションの方法】

1 発表前の確認《かくにん》

- 発表する目的
- 発表する時間
- 発表する場所
- 発表する相手

2 スライドの作り方

①スライドの枚数は少なめにする：１分１枚をめどに。
②文字を少なくする：ポイントになる語句だけを画面に出す。
③箇条書《かじょうが》きにする：それぞれを１行にまとめる。
④色づかいにも注意する：実際に映してみた色合いに注意する。
⑤誤字・脱字《だつじ》に注意する：辞書を活用する。

3　話し方と心がまえ

①いちばん後ろの人に聞こえる程度の声で話す

声の大小や高低・スピードに変化をつけて一本調子にならないようにする。

②聞き手の理解しやすい言葉で話す

耳で聞いてイメージできる語句を使う。同音異義語は，目で確認できる工《く》夫《ふう》が必要。

③たとえ話を上手に使う

聞き手のイメージをふくらませる。

4　発表にあたって

①スクリーンの左側に立つ

スクリーンが見えやすい位置，利《き》き手で指し示しやすい位置に立つ。

②よく練習してから臨《のぞ》む

可能ならグループ内で聞き合うなど，第三者に聞いてもらう。

③聞き手の反応に敏感《びんかん》になる

聞き手の理解の様子を観察しながら，説明を言い換《か》えたり，何度も言ったり工夫する。

ステップ4　実践《じっせん》・活用

●学習発表会をしてみましょう。

①グループで，学習テーマについて，調べたことをまとめてみましょう。

▼

②プレゼンテーションの方法について，話し合ってみましょう。

▼

③分担を決めて，わかりやすく伝えるために工夫してみましょう。

▼

④それぞれのプレゼンテーションを評価し合ってみましょう。

●教科の学習でもプレゼンテーションを活用していきましょう。

ステップ5　まとめ・自己評価

●効果的なプレゼンテーションの方法について，理解することができましたか。

●パソコンなどを利用して，学習発表会のプレゼンテーションを行うことができましたか。

自分の考えを相手に伝えるために、プレゼンテーションは大切なものだということを知ろう。

44 生き方～夢《ゆめ》に向かって～

学習のねらい ★偉業《いぎょう》を成しとげる人の生き方や考え方を知り，夢をもち，夢に向かって一歩一歩努力することができる。

ステップ1 イチロー選手の生き方から学んだことはどのようなことでしょうか。

夢

第六学年二組　鈴木《すずき》 一朗《いちろう》

ぼくの夢は，一流のプロ野球選手になることです。そのためには，中学，高校で全国大会へ出て，活躍《かつやく》しなければなりません。活躍できるようになるには，練習が必要です。ぼくは，その練習にはじしんがあります。ぼくは3歳《さい》の時から練習を始めています。3才～7才までは，半年位やっていましたが，3年生の時から今までは，365日中，360日は，はげしい練習をやっています。だから一週間中，友達と遊べる時間は，5時間～6時間の間です。そんなに，練習をやっているんだから，必ずプロ野球の選手になれると思います。そして，中学，高校でも活躍して高校を卒業してからプロに入団《にゅうだん》するつもりです。そしてその球団は，中日ドラゴンズか，西武《せいぶ》ライオンズが夢です。ドラフト入団でけいやく金は，一億円以上が目標です。ぼくがじしんのあるのは，投手と打げきです。去年の夏ぼくたちは，全国大会へいきました。そしてほとんどの投手を見てきましたが，自分が大会ナンバー1投手とかくしんできるほどです。打げきでは，県大会，4試合のうちに，ホームランを3本打ちました。そして，全体を通した打りつは，5割《わり》8分3りんでした。このように，自分でもなっとくのいくせいせきでした。そして，ぼくたちは，一年間まけ知らずで野球ができました。だからこの，ちょうしで，これからもがんばります。

そして，ぼくが一流の選手になって試合にでれるようになったら，お世話になった人に，招待券《しょうたいけん》をくばって，おうえんしてもらうのも夢の1つです。とにかく一番大きな夢はプロ野球選手になることです。

『息子《むすこ》　イチロー』（鈴木宣之著《すずきのぶゆきちょ》　二見書房刊《ふたみしょぼうかん》）

ステップ 2 小さな努力の積み重ねが，大きな結果となる。

ステップ 3 トレーニング

- 自分の夢や目標は何かを考えましょう。
- 自分の夢や目標とした世界で，大きな成果や記録を出した人の生き方を調べてみましょう。
- 自分の夢を実現《じつげん》したり，目標を達成したりするために，今，すべきことは何かを考え，計画を立ててみましょう。

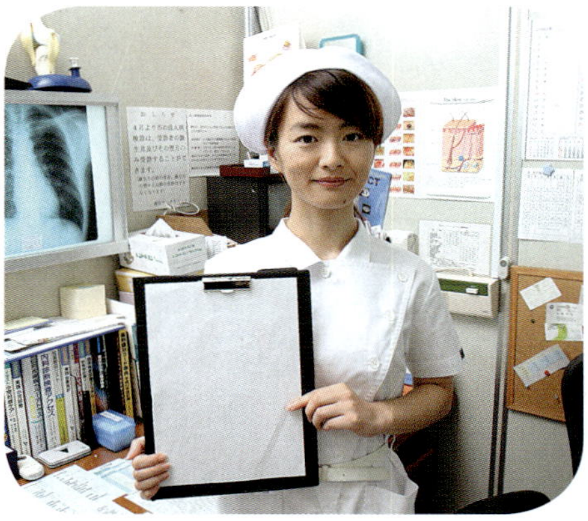

ステップ 4 実践《じっせん》・活用

- 自分の夢や目標を実現するために，今，すべきことを実践してみましょう。

ステップ 5 まとめ・自《じ》己《こ》評《ひょう》価《か》

- 自分の夢や目標をもち，それに向かって努力することができましたか。
- 偉業を成しとげる人から学んだことを，自分の夢の実現や目標の達成に生かすことができましたか。

名言・名《めい》句《く》

千里の道も一歩から。
石の上にも三年。
苦あれば楽あり。

偉人《いじん》や先人から学ぶ〜偉人伝〜

学習のねらい　★偉人や先人の生き方から進取の精神《せいしん》や努力を学び，自分の生き方の参考にすることができる。

ステップ1　伝記からどのようなことを学べたでしょうか。

●伝記を読んだことはありますか。

二宮金次郎《にのみやきんじろう》(1787〜1856)

たきぎを運びながら本を読む姿《すがた》が多くの小学校で像《ぞう》になっている金次郎。小さい時に父母を失い，苦労しながらも学問と仕事に打ちこみ，あれた農村を復興《ふっこう》するなど人々のために力を注ぎました。

キュリー夫人(1867〜1934)

学生時代から苦学を続け，卒業後もお金や快適《かいてき》な生活を求めず，研究のために人生をささげました。1903年に夫のピエールとともにノーベル物理学賞を受賞。1911年にはノーベル化学賞も受賞しました。

ヘレン・ケラー(1880〜1968)

病気のために，目が見えず，耳が聞こえず，口がきけないという三重苦に苦しむヘレン・ケラー。家庭教師《きょうし》のサリバン先生と出会って，その厳《きび》しい障害《しょうがい》を乗りこえていきます。ヘレンの生き方は，世界中の人々に希望と勇気をあたえました。

宮沢賢治《みやざわけんじ》(1896〜1933)

花巻《はなまき》農学校の教師として子どもたちを教えるかたわら，童話や詩をつくり，数多くのすぐれた作品を世に残しました。また，賢治は，天文・気象・地理・歴史・化学・音楽などにも多才な一面をもっていました。

ステップ 2 偉人の人生は道しるべとなる。

- 図書館などの伝記コーナーから，さまざまな分野の伝記を読んでみましょう。
- 日本人だけでなく外国の人の伝記も読んでみましょう。

おすすめの
伝記について、
友達としょう
かいし合おう。

ステップ 3 トレーニング

- 伝記を読んで，人物をしょうかいしてみましょう。
- 伝記を読んで，ワークシートにその人の生き方・考え方，感想，自分の生活に生かしたいことを書いて発表してみましょう。

福沢諭吉《ふくざわゆきち》 （児童作品）

「天は人の上に人をつくらず，人の下に人をつくらずといえり」は，福沢諭吉が書いた「学問のすすめ」のはじめの言葉です。諭吉は，このほかにもたくさんの本を書きました。それは，江戸《えど》時代から新しい明治《めいじ》の時代に向かって，日本人の考え方を新しくしていきたいという願いがあったからです。諭吉は，だれにでもわかるようにできるだけわかりやすい文章で書いたそうです。また，こんなすごい諭吉ですが，実は勉強を本格的《ほんかくてき》に始めたのは13才のころだそうです。同じ本を何度も何度も読み返して，好きなところを暗記したそうです。

■感想・自分の生活に生かしたいこと

ぼくのイメージだと，えらい人が書く本はとても難《むずか》しい言葉だらけという感じがします。諭吉は，読む相手の人に理解《りかい》してもらえるようにわかりやすい文章で本を書いたのが，とてもすごいと思いました。ぼくは今まで，一度読んだ本は，読み返したことがないけれど，これからは諭吉のように，何度もくり返して読んでみようと思います。

ステップ 4 実践《じっせん》・活用

- 自分の生活に生かしたいことを実践していきましょう。

ステップ 5 まとめ・自己評価《じこひょうか》

- 自分の生活に生かすことができましたか。

名言・名句《めいく》

天才はすなわち忍耐《にんたい》である。

＊ビュフォン(フランス　1707 ～ 1788年)

人間はみな，生まれながらにしてすぐれた頭脳《ずのう》をもっているわけではない。日々の忍耐強い努力の積み重ねによって，天才か鈍才《どんさい》かは分かれるのである。

45

7年生

偉大《いだい》な先輩《せんぱい》から学ぶ

学習のねらい ★自分を信じて挑戦《ちょうせん》すること，苦難に耐《た》えて努力することを人生の先輩から学び，自分の生き方に生かすことができる。

ステップ1 村田兆治《むらたちょうじ》さんの文章から学べることは，どのようなことでしょう。

（1985年4月15日
サンケイ新聞）

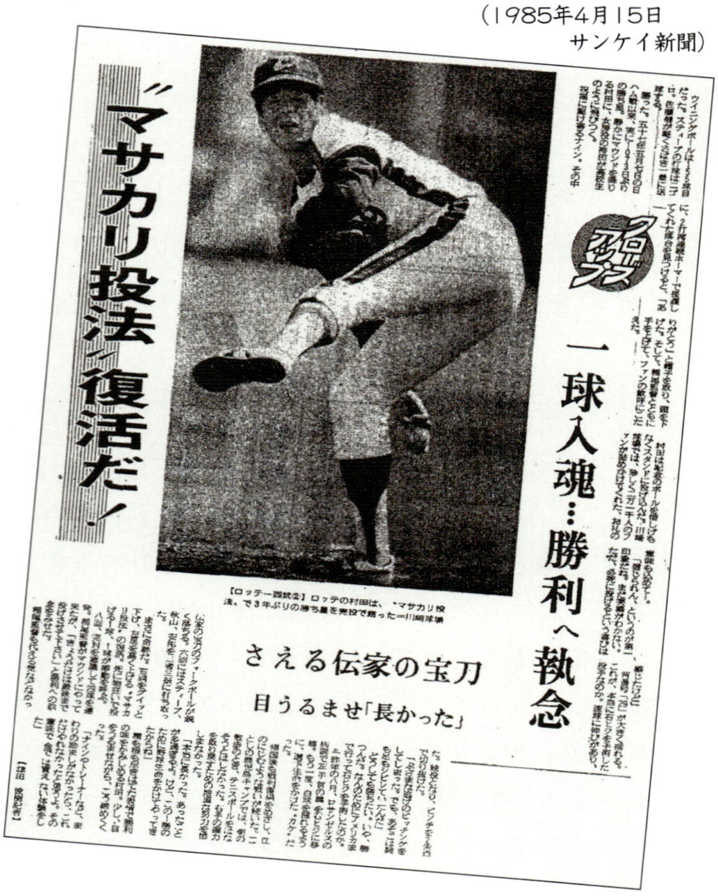

“マサカリ投法”復活だ！

プロアップス

一球入魂…勝利へ執念

さえる伝家の宝刀

目うるませ「長かった」

【ロッテ－西武②】ロッテの村田は，“マサカリ投法”で3年ぶりの勝ち星を完投で飾った＝川崎球場

私は，どん底をのぞいてきてから変わった。精神的に実に図太くなっている。

秋山《あきやま》選手には，二球ばかり自分の意図するコースとはちがったところへ投げている。本塁打《ほんるいだ》ではないまでも痛烈《つうれつ》なあたりを打たれていてもおかしくないのに，彼《かれ》は，ファウルするのが精いっぱいなのである。球にスピードやキレがなくとも，少々，コースの甘《あま》い球であっても，魂《たましい》がこもっていれば，相手は打てないのだ。

挑《いど》みかかる心，攻《せ》め込《こ》む心さえしっかりともっていれば，ピンチは乗り切れる。勝利を手にすることはできる。

この西武《せいぶ》戦で投げた百五十五球のうち，無言ですっと投げた球は，ただの一球もない。

こうして活字にするのは，少しはばかりがあるが，

「こん畜生《ちくしょう》」

「おまえに打てるか」

「打ってみやがれ」

「へなへなバッター」

などと，一球投げるごとに，大声を出していた。

気持ちを前に出すことを心がけていたのである。久しぶりのマウンドなので，気持ちが引けることだけは，なんとしても避《さ》けたかったのである。

スポーツでもビジネスでも，ひとを相手とする戦いで，勝利と敗北，成功と失敗とを分ける要因は，攻撃的《こうげきてき》な精神と意地の有無《うむ》ではないかと思う。

眠《ねむ》れぬままま，ベッドを抜《ぬ》け出すと，夜が白々と

ステップ 2

自分を信じて挑戦すること，苦難に耐え抜くことで，人は成長していく。

ステップ 3 トレーニング

苦しみを乗り越《こ》えてきたこれまでの経験について，振《ふ》り返ってみましょう。

- 勉強や部活動などのいろいろな場面で味わった苦しみや試練の体験を，思い出してみましょう。
- それらを克服《こくふく》した経験について，話し合ってみましょう。
- 自分や友達の経験をふまえ，学んだことを文章でまとめてみましょう。

ステップ 4 実践《じっせん》・活用

- なにごとも努力することで結果が生まれ，その努力を通して人は成長していきます。
- 日常の生活の中でも，目標をもって生活していきましょう。

ステップ 5 まとめ・自己評価

- 困難を克服することの意義について，考えることができましたか。

明けていた。

もう，朝刊各紙が届いていた。

どの新聞にも，“涙《なみだ》の復活完投　村田”といった劇的な見出しが躍《おど》り，奇跡《きせき》の復活というところに視点をむけていた。論調は各紙とも私に対して，とても好意的であったが，私のカムバックが“奇跡”とうつっている点にひっかかりを感じた。奇跡とは，常識ではおこるとは考えられない不思議な出来事をさすのである。たしかに，端《はた》から見たら，このように感じられたかもしれないが私には，かならず，この日がくるとの確信があった。攻撃的な精神力と勇気が残っていたからである。私がここでいう勇気とは，限界に挑戦する精神と苦難に耐える忍耐力《にんたいりょく》をいう。

手術後，私の右腕は，妻のそれよりも細くなった。腕相撲《うでずもう》をしても負けてしまう。彼女《かのじょ》が手加減をしてくれているにもかかわらずである。これだけ衰《おとろ》えてしまった右腕を，再び，投手として通用するまでにつくりあげるには，歯を食いしばるような努力を要した。別章で詳述《しょうじゅつ》してきたとおりである。人間には，誰《だれ》にでも自然治癒力《ちゆりょく》がそなわっている。肉体的なキズも精神的なキズも，自然に治す力がそなわっているのだから，自棄的《じきてき》にならずに，その力がふつふつと醸成《じょうせい》されるまで，辛抱《しんぼう》する忍耐力が欠かせない。

私のこの一勝は，華々《はなばな》しく一足跳《と》びで得た勝利ではないのである。各紙に目を通しながら，私は，そんなことを考えていた。

『剛球《ごうきゅう》直言』（村田兆治著　小学館《しょうがっかん》刊）

生きていくための道しるべ ～『論語《ろんご》』から学ぶ～

7年生

学習のねらい ★『論語』から人間の生き方を学ぶことができる。また，自分のあり方，生き方について指標をもつことができる。

ステップ1 『論語』を読んで，自分の生き方について考えてみましょう。

孔子《こうし》(前551？～前479)

古代中国，周《しゅう》王朝末期の春秋《しゅんじゅう》時代，魯《ろ》の国に生まれました。早くに父母を亡《な》くし，貧しいなかで学問に励《はげ》みました。戦乱の時代，諸国を十年以上放浪《ほうろう》し，政治を説いてまわりましたが，受け入れられませんでした。死後，孔子と弟子《でし》たちの問答をまとめたものが『論語』です。『論語』に表された考えは中国のみならず，日本人の思想にも大きな影響《えいきょう》を与《あた》えました。

子《し》曰《いわ》く，過《あやま》ちて改めざる，是《これ》を過ちと言う。

孔子言う，人は何人といえども過ちのあるものであるが，過ちを犯《おか》してその過ちを改めないのが，ほんとうの過ちというものだ。

子曰く，其《そ》れ恕《じょ》か。己《おのれ》の欲《ほっ》せざる所は，人に施《ほどこ》すこと勿《な》かれと。

孔子は，「まず恕かな。その恕とは，自分が人からされたくないと思うことを，他人に対してしないことだよ」と答えた。

子曰く，吾《われ》十有五にして学に志す。三十にして立つ。四十にして惑《まど》わず。五十にして天命を知る。六十にして耳順《みみしたが》う。七十にして心の欲する所に従えども，矩《のり》を踰《こ》えず。

孔子言う，私は十五歳頃《さいごろ》から先王の教え，礼楽の学問をしようと決心した。三十歳にして，その礼楽の学問についての見識が確立した。四十歳頃では事理に明らかになって，物事に惑うことがなくなった。五十歳になって，天が自分に命じ与えたものが何であるかを覚《さと》り，また，天運の存するところに安んずることができた。六十歳の頃は，何を聞いても，皆《みな》すらすらと分かるようになったし，世間の毀誉褒貶《きよほうへん》にも心が動かなくなった。七十歳になっては，心の欲するままに行うことが，いつでも道徳の規準に合って，道理に違うことがなくなった。

(『新釈《しんしゃく》漢文大系　第1巻　論語』明治書院《めいじしょいん》刊)

ステップ 2 強い意志をもって生きることこそ大切である。

●迷ったり悩《なや》んだりしたときこそ，自分の生きる方向づけが必要です。

孔子の教えに何かヒントがあるかな。

ステップ 3 トレーニング

孔子はよりよい社会をつくるためには，まず，人を育てることが第一と考え，人の気持ちのありようや家族や友人関係で大切なことを，弟子たちに説きました。

●孔子が説いた考え方について，感じたことを話し合ってみましょう。

●自分の目標，生き方としての考えに合う言葉を，『論語』の中から探してみましょう。

●あなたが考える「よりよい人間関係」「生き方」「勤労観」などについて，必要，大切だと思う事柄《ことがら》を，孔子に倣《なら》って短い言葉にしてみましょう。

ステップ 4 実践《じっせん》・活用

●『論語』の中から選んだ言葉を，自宅の目だつところにはり，日々意識して生活していきましょう。

ステップ 5 まとめ・自己評価

●自分のあり方や生き方について，指標をもつことができましたか。

〈人生時計の話〉

一生を一日に置きかえて考えてみましょう。寿命《じゅみょう》を72歳として考えます。自分の年を3で割ると，24時間の一日のうち，何時にあたるかが出てきます。

例えば，15歳→15÷3＝5(午前5時)にあたります。充実《じゅうじつ》した一日にするためには，午前中の準備は大切ですね。

あなたはどんな生き方をしていきたいですか。

今日のこの時から、よりよく生きるために、意識して生活していこう。

48 一人の力が大きな力に

学習のねらい ★学校行事などでの役割《やくわり》の大切さを自覚し，進んで役割を引き受けたり，責任《せきにん》をもってやりとげたりすることができる。

ステップ1 学校行事の成功のかげには，どのような努力があるのでしょうか。今までの経験《けいけん》をふり返って話し合いましょう。

▲運動会審判《しんぱん》係

▲運動会補助《ほじょ》

▲学習発表会照明係

▲学習発表会放送係

ステップ2 一人一人が自分の役割を果たせば，大きな成果が出せる。

- 「一生懸命《いっしょうけんめい》」という言葉がありますが，これは，もとは「一所《いっしょ》懸命」という言葉からきています。「一所懸命」という言葉の意味は，「たまわった一ケ《か》所の領地《りょうち》を生命にかけて，生活のたのみとすること」。ここから，物事を命がけですること，必死という意味で使われるようになりました。
- あなたも，一つの役割に全力で取り組もうとする「一所懸命」を目ざしましょう。

ステップ3 トレーニング

●話し合ってみましょう。

・運動会では，どのような仕事があり，それぞれどのような役割がありますか。

・責任をもって役割を果たすには，どのようにすればよいでしょうか。

●学芸会や展覧会《てんらんかい》など，他の行事についても調べてみましょう。

・どのような係がありますか。

・それぞれの役割は何でしょうか。

●学校行事を成功させるために，これから取り組む学校行事を例に自分のできることを考えてみましょう。

自分にできることを考えよう

○年　○組　○番 名前(○○○○)

行　事	学　習　発　表　会
係	役割　や　自分にできること
照明	各学年の発表の照明を担当《たんとう》する。 舞台《ぶたい》照明のオン・オフ，スポットライトのタイミングをまちがえないように覚える。台本に印を付けて練習日以外でもイメージしておく。
大道具作製《さくせい》	大道具と背景《はいけい》画を作製する。 本番でこわれることがないようにじょうぶに作る。 体育館での練習が始まる前にできあがるように，計画を立てて作製する。

自分にできることを考えよう

○年　○組　○番 名前(○○○○)

行　事	学　習　発　表　会
係	役割　や　自分にできること
舞台	各学年の発表の道具を舞台にセットする。 発表がスムーズにできるように，配置とタイミングをしっかり覚える。 できるだけ静かに準備《じゅんび》する。
場面２のリーダー	自分たちのシーンの練習を計画する。みんなの意見をまとめてよりよいものにする。 その日の工夫《くふう》するところをしっかり決めて，みんなに伝える。

自分にできることを考えよう

○年　○組　○番 名前(○○○○)

行　事	学　習　発　表　会
係	役割　や　自分にできること
アナウンス	各学年の発表のしょうかいをする。 会場の方に聞こえやすいように，ゆっくり，はっきり話すようにする。 原稿《げんこう》を覚えるくらい練習する。
小道具の作製	小道具を作る。 発表を見ている人の立場になって，何の道具かわかるように大きさやデザインを考えて作る。

ステップ4 実践《じっせん》・活用

●話し合ったこと，考えたことをもとに学校行事に取り組みましょう。

●自分が今，学校の中で受け持っている仕事についても，見直していきましょう。
（委員会活動，係活動，当番活動など）

ステップ5 まとめ・自己評価《じこひょうか》

●さまざまな学校行事で，自分の役割に責任をもって取り組む大切さが理解《りかい》できましたか。

・進んで役割を引き受けることができましたか。

・責任をもって最後までやりとげることができましたか。

・うれしかったことやよかったことは，どのようなことですか。

49 ボランティア活動の体験をしよう

学習のねらい ★地域《ちいき》の一員として，ボランティア活動や地域活動に協力するなどの役割《やくわり》を果たすことができる。

ステップ1 ボランティア活動とはどのようなことでしょうか。

○○○○さんのお話

わたしは，公園の花壇《かだん》に花を植えるボランティア活動をしています。ある日公園で散歩をしていたとき，熱心に花を植えている方を見かけたのがきっかけです。その方に，花を植える，こんなすてきなボランティア活動があることを教えていただき，わたしは植物が大好きだったので，参加してみることにしました。作業には時間がかかるし，体もきついですが，うれしいこともたくさんあります。作業をしていると，「ご苦労さまです。」と声をかけてくださる方もいるんですよ。この前，お母さんと小さな子どもが花の前にしゃがみこんで，「これはね，パンジーっていうお花だよ。」「花びらがすごくかわいいね。」とおしゃべりしているのを見かけました。わたしの植えた花で，一人でも花を好きな人が増《ふ》えてくれるとうれしいなとそのとき思いましたよ。

［過去《かこ》1年間に何らかのボランティア活動をした人］

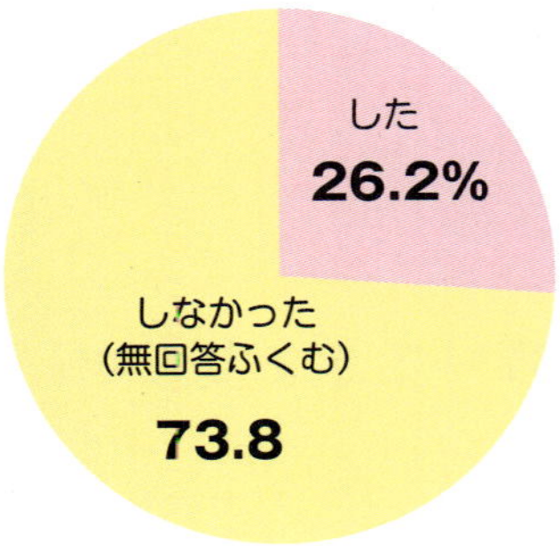
した
26.2%
しなかった
（無回答ふくむ）
73.8

（総務省《そうむしょう》「平成18年社会生活基本調査《きほんちょうさ》」より）

［ボランティア活動参加者が行った活動の種類と参加率《さんかりつ》］

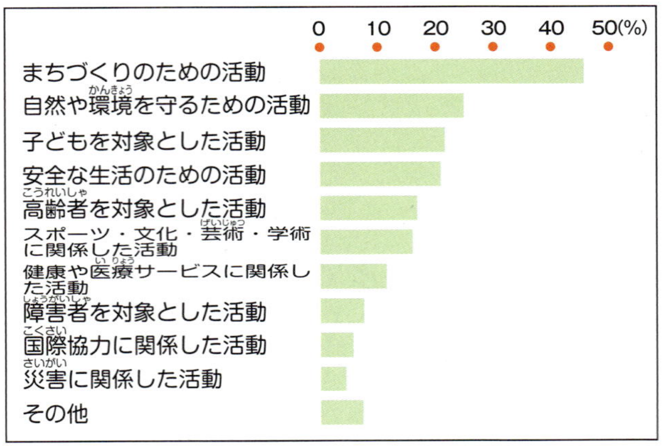
0
10
20
30
40
50(%)
まちづくりのための活動
自然や環境《かんきょう》を守るための活動
子どもを対象とした活動
安全な生活のための活動
高齢者《こうれいしゃ》を対象とした活動
スポーツ・文化・芸術《げいじゅつ》・学術に関係した活動
健康や医療《いりょう》サービスに関係した活動
障害者《しょうがいしゃ》を対象とした活動
国際《こくさい》協力に関係した活動
災害《さいがい》に関係した活動
その他

（同左）

［各国のボランティア活動参加率］

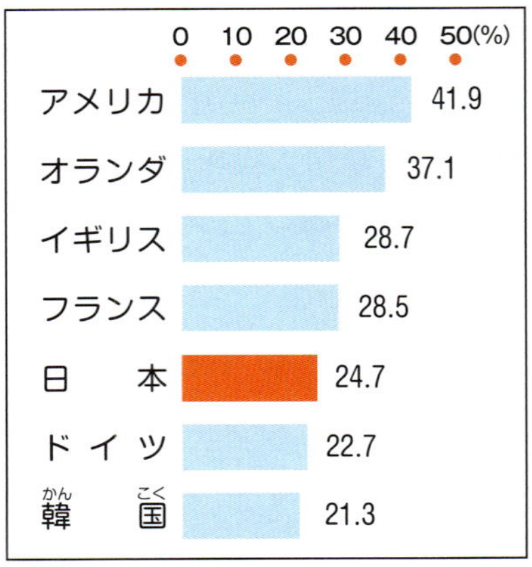
0
10
20
30
40
50(%)
アメリカ 41.9
オランダ 37.1
イギリス 28.7
フランス 28.5
日　本 24.7
ドイツ 22.7
韓《かん》　国《こく》 21.3

（OECD「Factbook2009」より）

ステップ 2

ボランティアは社会の一員としての役割を果たす一つの方法である。

ミニもの知りコーナー

ボランティア活動…仕事としてではなく，自分から進んで社会事業などを行う活動のこと。

品川区のホームページや広報《こうほう》紙《し》にも、ボランティア募集《ぼしゅう》の知らせがあるよ。

ステップ 3 トレーニング

- 自分たちの身のまわりや地域には，どのようなボランティア活動があるか，調べてみましょう。
- ボランティア活動をするとき，どのようなことに気をつけたり，心がけたりしたらよいか，ボランティア活動をしている人の話を聞いてみましょう。
- 自分たちにできるボランティア活動の計画を立ててみましょう。

ステップ 4 実践《じっせん》・活用

- できそうなことから実践してみましょう。

（例）

計画カード

○内容《ないよう》　地域清掃《せいそう》

○場所　○○公園

○持ち物　軍手，ごみぶくろ

○めあて　ごみをたくさん拾う。

よくできた　もう少しだった

ステップ 5 まとめ・自己評価《じこひょうか》

- ボランティア活動をすることで，地域の一員としての役割を果たせることが理解《りかい》できましたか。

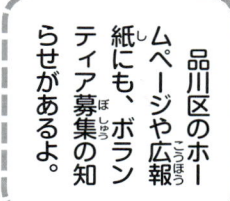

50

7年生

集団における役割と責任

学習のねらい

★学校行事などにおける一人一人の役割の大切さを自覚し，責任をもってやり遂《と》げることができる。

ステップ1

学校行事を通して，わたしたちは何を学ぶことが大切なのでしょうか。移動教室を例に考えてみましょう。

ステップ2

一人一人が自分の役割と責任を自覚し，協力して行動することが大切である。

- ５年生の林間学園，６年生の移動教室で学んだことを話し合い，責任をもつことの意味を確かめましょう。
- 困った経験からどう行動すべきだったか，予想される困難からどう行動する必要があるか考えましょう。

ステップ3 トレーニング

- 移動教室の目標を考え，設定してみましょう。
- 目標達成のために必要な係と仕事内容を話し合ってみましょう。
- 係を分担してみましょう。
- 移動教室までの係の仕事のスケジュールを，話し合いながら作成してみましょう。

わたしはレク係で、ご当地クイズで盛り上げよう。

室長に協力することを心がけて、一人一人が集団行動に責任をもとう。

学年目標：	
グループの目標：	
室長	・農業体験の指示 ・班行動の約束の徹底《てってい》
生活	・避難《ひなん》経路の確認《かくにん》 ・健康カードの配付，記入内容確認 ・入浴後の点検
食事・美化	・食事配膳《はいぜん》 ・副食準備 ・室内の環境《かんきょう》整備
学習	・歴史，地場産業，文化の調査 ・事前の報告会 ・文化祭の発表資料収集
レク	・キャンプファイアーの演出 ・バスレクの準備
自分の役割	
取り組み状況《じょうきょう》	

ステップ4 実践《じっせん》・活用

- 委員会活動や係活動などで，日常生活の役割における責任を果たすようにしていきましょう。

ステップ5 まとめ・自己評価

- 自分の役割の大切さを自覚し，責任をもってやり遂げることができましたか。

現在の消費における問題

学習のねらい ★消費について，正しい知識と判断力を身につけることができる。

ステップ1 消費における問題について，考えてみましょう。

わたしたちは，品物を購入《こうにゅう》するとき，直接お店に行かなくてもさまざまな方法で商品を買うことができます。これはとても便利な反面，危険なことでもあります。

商品を買うということは，買い手と売り手とが売買契約《けいやく》を結ぶことです。この売買契約を結ぶときに，さまざまな問題が起こっています。

【インターネット販売《はんばい》・オークション】

携帯《けいたい》電話でもダウンロードしたり購入したりできるのね。
いつでも、どこでも購入できるから便利だね。

【訪問販売】

一人でお留守番なのですね。実は……。

【キャッチセールス】

ちょっとだけお時間をいただけませんか。

【マルチ商法】

お友達を五人誘《さそ》って来れば、五万円あなたにさしあげますよ。

ステップ2 消費者として，正しく判断することが大切である。

消費者の四つの権利

- 安全である権利
- 選択《せんたく》する権利
- 知らされる権利
- 意見を反映させる権利

ステップ3 トレーニング

- ロールプレイをしてみましょう。
  - ・右の4コママンガをもとに，どのように対応するか，考えてみましょう。
  - ・友達と役割を交代して，ロールプレイをしてみましょう。
  - ・どのような対応が望ましいか，グループで話し合ってみましょう。

①
アンケートに答えたら，粗品《そしな》をさしあげます。
②
③〈後日〉
請求書《せいきゅうしょ》
○○○○様
××月○○日までに代金130万円をお支《し》払《はら》いください。
○○○
④

ステップ4 実践《じっせん》・活用

- 契約の意思がないのなら，「いいです」「けっこうです」などとあいまいな返事をせずに，「必要ありません」「お断りします」とはっきり断りましょう。

〈クーリングオフ制度〉

訪問販売（キャッチセールスなどを含《ふく》む）や電話勧誘《かんゆう》で契約をしてしまったが解約したいというようなときには，クーリングオフの手続きをしましょう。クーリングオフ制度とは，一定期間消費者に契約を考え直す時間を与《あた》え，一方的に契約を解約することを認めている制度です。

ステップ5 まとめ・自己評価

- いろいろな消費における問題について，理解できましたか。
- 次の用語について，調べてみましょう。
  - ・消費者基本法
  - ・消費者契約法
  - ・国民生活センター／消費者センター
  - ・製造物責任法（PL法）

知らないでいると大変なことになってしまうよ。

スチューデント・シティ・プログラム ～経済《けいざい》体験学習～

学習のねらい

★自分の夢《ゆめ》や希望と関連がある身近な職業《しょくぎょう》に関心をもつ。
（経済や社会の仕組みについて理解《りかい》し，生活や社会の中で自分の役割《やくわり》を果たすことができる。）

ステップ5 スチューデント・シティで学んだことをふり返りましょう。

1．スチューデント・シティで行った自分の仕事で責任《せきにん》は果たせたと思いますか。

2．あなたは，「働く」ことについてどう思いましたか。

3．モノやサービスを「買う立場」と「売る立場」の両方を体験して感じたことは何ですか。

4．この学習は，あなたの将来《しょうらい》の職業や仕事についてどのようなことが役に立つと思いますか。

5．事前学習やシティで学んだことを，家の人と話し合ってみましょう。

Student City®

スチューデント・シティ…教室での事前・事後学習で学ぶこととあわせて，社会と自分とのかかわり，経済の仕組み，仕事とは何かについて，買い手と売り手の両方の立場を体験しながら，社会はみんなつながっている「共《きょう》存《ぞん》社会」であることを理解し，それぞれがおたがいの仕事を通じてたがいに助け合って生きているという一市民の自覚と責任をうながします。

Junior Achievement®

ジュニア・アチーブメント日本
http://www.ja-japan.org

7年生

キャップス・プログラム
〜経営体験学習〜

学習のねらい ★商店経営体験を通して意思決定能力を育てる。

ステップ5 キャップス・プログラムで学んだことを振《ふ》り返りましょう。

- あなたは，これからの人生の中で，多くのことを自分で決めなければなりません。

一般的《いっぱんてき》な知識

意思決定…さまざまな情報を収集し，正しい判断により，最善のものを求めようとする行為《こうい》。

- あなたはキャップスでどんな技能（スキル）が身についたと思いますか。
- 身につけた技能（スキル）を，学校の活動の中でどのように活用することができますか。

情報収集　協力　戦略 話合い　決定

あなたが何かを決めなければならないとき，よく考える。

- ①多くの情報，②正しい判断，③目的，④決定，⑤責任について，考えることができますか。

CAPS
Junior Achievement

キャップス…チームで話し合いながら，帽子《ぼうし》屋さんを経営することで，意思決定力，利益を出すことの難しさ，他人と違《ちが》う意見を述べる勇気，自分と違う意見に耳を傾《かたむ》ける寛容《かんよう》性，リーダーシップ，チームワークなど，今後生きていくうえで必要となる資質の重要性を実感するプログラムです。

52 仕事って何？　働くってどういうこと？

学習のねらい ★さまざまな職業《しょくぎょう》があることを理解《りかい》し，職種や仕事について調べたり，働くことの価値《かち》を考えたりすることができる。

ステップ 1

どうしてこの仕事を選んだのだと思いますか。

ステップ 2

社会はさまざまな仕事がつながり合って成り立っている。

- どのような職業につくかではなく，その職業で自分は何をしたいか，自分には何ができるか，確《たし》かな夢《ゆめ》と希望をもち，実現《じつげん》を目ざして努力しようとすることが大切です。

ミニもの知りコーナー

職業…生計のためにする仕事。

ステップ3 トレーニング

・自分の好きなこと(もの)を書いてみましょう(順位をつけてみましょう)。

・自分の好きなこと(もの)をキーワードにして，関連した職業を探《さが》してみましょう。

（例）動物が好き
- 獣医師《じゅういし》
- 犬の訓練士
- アニマルセラピスト
- ペットシッター
- 野生動物調査《ちょうさ》
- 動物園の飼育係《しいくがかり》

自分は何が好きなのか、まずは、そこから始めよう。

●自分の探した職業の仕事の内容《ないよう》について，調べてみましょう。

ステップ4 実践《じっせん》・活用

●自分の目ざす職業に関連する新聞記事を読んだり，実際《じっさい》に見学したりしてみましょう。

●ほかにも自分に必要な情報《じょうほう》を探してみましょう。

ステップ5 まとめ・自己評価《じこひょうか》

●社会には，さまざまな職業があることが理解《りかい》できましたか。

●あこがれとする職業をもち，仕事の内容について調べることができましたか。

●働くことの価値を考え，今しなければならないことを考えることができましたか。

名言・名句《めいく》

好きこそものの上手なれ。

53

7年生

仕事を成功させるために必要な力

学習のねらい ★自分の将来の職業に必要な知識や資格について理解し，そのための努力をすることができる。

ステップ1 仕事に必要な知識や技能，資格とは何でしょうか。

●例えば，インターネットでは，次のようなことができます。

・複雑な流通経路を簡略化できます。
・安全でおいしい野菜を直送できます。
・生産地や農薬の有《う》無《む》，生産者の声，消費者の声を同時に知ることができます。

パソコンで野菜の販売《はんばい》をしています。

建設機械を扱《あつか》うには，資格が必要です。

●次のように，資格がないと職に就《つ》けない仕事がたくさんあります。

・自動車整備士　・航空整備士　・保育士　・看護師　・教師　・運転士

●資格を取得するには，どうしたらよいでしょう。

・学校で学ぶ。
　専門学科高等学校，総合学科高等学校，高等専門学校，専修学校専門課程，専修学校高等課程，職業技術専門校など，職種によって異なります。
・職業の見習いとして働いたり，実務経験を積みながら，技術を磨《みが》く。
・資格試験の受験資格を得て，受験する。

●学校で学ぶことは，職業につながることを知ろう。例えば，……。

・ホテルマン…利用客の求めていることを察知するには，国語で文学作品の人物の心情を読み取ることが役立つ。
・パティシエ…ケーキの材料の計量や混ぜる量の計算には，算数・数学で学ぶ比や体積の計算が必要。

ステップ2　仕事にはその内容によって必要な力がある。

●目ざす仕事には，どのような知識や技能が必要か知っていますか。

一般的《いっぱんてき》な知識

資格…ある職業に就くために必要な事柄《ことがら》。多くは専門の試験で一定以上の成績をとることが求められる。

ステップ3　トレーニング

●自分が目ざしたい職業には，どのような技能・能力・資格が必要か調べてみましょう。

・本，インターネット，インタビューなどを通して調べ，まとめてみましょう。

・インタビューでは，①どのようにしてその資格を得たのか，②資格を得るためにはどのようなことを心がければよいか，③資格を得るためにいちばん苦労したのはどのような点かを聞いてみましょう。

●今の自分にとって，目ざす職業の技能・能力・資格につながる実践《じっせん》目標を立ててみましょう。

・学校の教科・活動，習いごと，スポーツクラブ，家の手伝いなどから目標を決めてみましょう。

・目標に向かってどのようなことをするのか計画を立ててみましょう。

・先生や親に相談してみましょう。

ステップ4　実践・活用

●自分の立てた目標に向かって，計画にそって，実践していきましょう。

ステップ5　まとめ・自己評価

●週，月，学期ごとに実践してきたことを振《ふ》り返り，見直しをすることができましたか。

●職業に必要な知識や技能があることについて理解できましたか。

54 その道の達人に学ぶ〈1〉

学習のねらい ★生きていくなかでうまくいかないときが，自分を成長させることを理解《りかい》し，将来《しょうらい》に対し前向きになることができる。

ステップ1 達人と呼《よ》ばれる人たちは，その道の達人になるまでに，どのような苦労を乗りこえてきたのでしょう。

ハイパーレスキュー部隊長・宮本和敏

写真提供《ていきょう》：NHK

ハイパーレスキューは，通常《つうじょう》の消防隊《しょうぼうたい》だけでは対処《たいしょ》しきれない困難《こんなん》な現場《げんば》に呼ばれる。刻々《こっこく》と変化する災害《さいがい》現場に臨機応変《りんきおうへん》に対処し，救出を成功させるために大事なのはチームワークだ。重いがれき，煙《けむり》や炎《ほのお》…災害に一人で立ち向かっても，おのずと限界《げんかい》がくる。

最高のチームを作るための第一歩は，まず指揮官《しきかん》である宮本自身が，隊員達から100%の信頼《しんらい》を得ること。少しでも隊員達が指揮官の能力《のうりょく》に不安を抱《いだ》けば，命を預《あず》け，現場に飛び込《こ》んでいくことなど出来ないのだ。

だから宮本は毎日，自分を追い込み続ける。走り込みに，筋力《きんりょく》トレーニング。休みの日も災害や救助の知識《ちしき》を詰《つ》め込む。言葉で叱咤《しった》するのではなく，ただ自分の能力を高めることこそ，隊員のモチベーションを高め，団結力《だんけつりょく》を生む方法だと考えているのだ。

宮本の災害現場での仕事は，瞬時《しゅんじ》に作戦を練り，指示《しじ》を出すことだけではない。指示を受けた隊員達の動きをいつも注意深く見ている。鍛《きた》え抜《ぬ》かれた隊員たちといえども，災害現場では少なからず平常心が乱《みだ》れる。自分の身のまわりにある危険《きけん》を見落とし，思わぬ事故《じこ》に遭遇《そうぐう》してしまう可能《かのう》性《せい》もある。隊員たちの盲点《もうてん》をカバーし，事故を未然に防《ふせ》ぐのも指揮官の役目だ。

宮本の言う「信頼」とは，100%信じて頼《たよ》ること。

「人間のやることですから，必ず落とし穴《あな》がある。それが思わぬ大事故につながったりするので，一歩さがって，100%の信頼はあり得ないという立場から，目を光らせていかないといけない。」

隊員を信じて現場に送り出しながら，冷静な目を持つことも忘《わす》れない。

宮本には，決して忘れられない無念の過去《かこ》がある。25歳《さい》の時出動した住宅《じゅうたく》火災。逃《に》げ遅《おく》れがいたが，火の勢《いきお》いが激《はげ》しすぎて，上官から中に入るのを止められた。焼け跡《あと》から，子ども二人を胸《むね》に抱《だ》いた母親の遺体《いたい》が見つかった。

命を救いたい，人の役に立ちたい…その思いは誰《だれ》にも負けないつもりでいた。しかし，情熱《じょうねつ》だけでは人の命を救えないと思い知った。

「この仕事に，ここまででいいというゴールはありえない」

それ以来，宮本は，ひたすら自分を追い込むようになる。

（NHK「プロフェッショナル 仕事の流儀《りゅうぎ》」ホームページ
http://www.nhk.or.jp/professional/ より）

夏目《なつめ》漱石《そうせき》

漱石は，大学を卒業して教職《きょうしょく》についたのち，1900年にイギリスのロンドンへ留学《りゅうがく》します。慣《な》れない海外生活で体調をくずしながらも留学を終えた漱石は，小泉八雲《こいずみやくも》の後任《こうにん》として東京帝国《ていこく》大学（現《げん》・東京大学）で英文学を教えます。また，大学での授業《じゅぎょう》のかたわら，『吾輩《わがはい》は猫《ねこ》である』『坊《ぼ》っちゃん』などの小説を発表します。

学者として英文学のエリートコースをたどっていた漱石は，1907年に教職を辞し，朝日新聞社に入社。小説家としての道を歩みます。この彼《かれ》の決断《けつだん》には，批判的《ひはんてき》な声も少なくありませんでした。しかし，そのような声をものともせずに自分の道を信じ，さらに病気ともたたかいながら作品を書き続け，『三四郎《さんしろう》』『それから』『こころ』などの名作を世に残しました。

あなたの身近で活躍《かつやく》する、一流の技《わざ》をもつ人を探《さが》してみよう。

ステップ 2　苦労を乗りこえたからこそ達人と呼ばれるような人になる。

- 資料《しりょう》を読んで，自分の生き方と照らし合わせてみましょう。
  - ・資料を読んで，心を動かされたところ，なぜそうできたのだろう，と思ったところを見つけ，自分なりの考えを発表したり，友達の意見を聞いたりして，さらに考えを深めましょう。

ステップ 3　トレーニング

- 資料以外にも，達人といわれている人のさまざまな生き方が示《しめ》されているものを探してみましょう。
  - ・新聞，雑誌《ざっし》，インターネットなど。
- 達人の言葉や実践《じっせん》をもとに，自分の生活（生き方）の目標を立ててみましょう。
- 自分が今，行きづまっていることがあったら，その克服《こくふく》方法を考えてみましょう。

ステップ 4　実践・活用

- 達人の生き方から学んだことを自分の生活に生かしていきましょう。
- 達人の生き方に意識を向けていきましょう。
- 自分の生き方の目標を学習や生活に生かしていきましょう。

ステップ 5　まとめ・自己評価《じこひょうか》

- 達人から学んだことをまとめ，自分の目標として生かすことができましたか。

55

7年生

職場訪問をしてみよう

学習のねらい ★さまざまな職業があることを理解し，働くことの意義を考えることができる。

ステップ1 職業を選択《せんたく》するとはどういうことでしょうか。

●自分が就《つ》きたい職業はどのような理由で選んだのか説明してみましょう。

表の中にある職業以外にも、さまざまな職業があるよね。自分の就きたい職業に印をつけて、その理由を発表しよう。

自然，科学など	□ 船長	□ 水中カメラマン	□ 気象予報士
	□ 宇宙飛行士	□ フラワーデザイナー	□ 動物園の飼育係
	□ 警察犬・盲導犬《もうどうけん》の訓練士	□ 獣医師《じゅういし》	□ 医師／看護師
	□ 薬剤師《やくざいし》	□ 科学者	□ 電気・電子機器の開発
文化，芸術など	□ テレビ番組のスタッフ	□ アナウンサー	□ 俳優
	□ 映画監督《かんとく》	□ 童話作家／小説家／シナリオライター	□ マンガ家
	□ 画家	□ 彫刻家《ちょうこくか》	□ 陶芸家《とうげいか》／ガラス工芸家
	□ 楽器職人	□ 指揮者	□ 舞踊家《ぶようか》
スポーツ，遊びなど	□ プロスポーツの選手	□ 監督・コーチ	□ 審判員《しんぱんいん》
	□ テーマパークの係員	□ カルチャーセンターの講師	□ スポーツ用品店
	□ おもちゃの開発	□ 古美術鑑定人《かんていにん》	□ 学芸員
	□ 将棋棋士《しょうぎきし》	□ ペンション経営	□ ネイチャーガイド
外国・異文化，旅など	□ 外交官	□ ツアーコンダクター	□ 外航客船パーサー
	□ 観光庁職員	□ 日本語教師	□ 外国語の言語学者
	□ 通訳／通訳ガイド	□ 翻訳家《ほんやくか》	□ 留学コーディネーター
	□ 国際会議コーディネーター	□ 英字新聞記者	□ トラベルライター
生活，社会など	□ 政治家	□ 国家公務員	□ 裁判官／検察官／弁護士
	□ 刑事《けいじ》／警察官	□ レスキュー隊員／消防士	□ 保育園・幼稚園《ようちえん》・学校の先生
	□ 建築士／設計士	□ カウンセラー	□ 料理人
	□ 果物店／花屋／魚屋	□ ホテルのコンシェルジュ	□ 秘書

ステップ2　それぞれの職業が社会を支えている。

働いている人の思いや願いを聞いてみよう。

ステップ3　トレーニング

●地域の職場の人を訪ねてインタビューしてみましょう。

〈訪問先を決めましょう〉

・担当の先生と相談をし，地域の職場の中から職場訪問をする会社などを決めましょう。

・職場訪問の依頼《いらい》をしましょう。

○訪問希望日時

○訪問人数　など

インタビュー用紙

（　）組　氏名（　　　　　　　）

訪問先（　　　　　　　）

質問

○どんな仕事の内容ですか。

○働いていてうれしいこと，苦労することはどういうことですか。

○中学生に何かひと言アドバイスしてください。

など

〈訪問時の計画を立てましょう〉

・どの職場にも共通して質問する内容を決めておきましょう。

・訪問するときのマナーについて，大切なことを確認《かくにん》しておきましょう。

〈マナー三原則〉

1. あ（明るく笑顔《えがお》で）
   い（いつも・だれにでも）
   さ（先に自分から）
   つ（続けて）
2. 表情
   笑顔　明るい口調
3. 身だしなみ
   清潔　品格

●職場訪問を実施《じっし》して，インタビューした内容をまとめて，クラスの友達に発表してみましょう。

わかりたいという意欲、教えていただくという感謝の気持ちを態度で示すことが大切なんだね。

ステップ4　実践《じっせん》・活用

●自分の興味のある職業について，更《さら》に詳《くわ》しく調べていきましょう。

ステップ5　まとめ・自己評価

●その職業が，社会の中でどのような役割をもっているかが理解できましたか。

●働くことの意義について，考えることができましたか。

●自分の将来像をイメージすることができましたか。

56

7年生

その道の達人に学ぶ〈2〉

学習のねらい ★体験談から生きることのすばらしさを知り，将来の職業について考えることができる。

ステップ1

人生の先輩《せんぱい》から生き方を学んでみましょう。

成沢　泰昭さん
東京手描友禅

堀　宏之さん
紋章上絵

【品川　伝統の技《わざ》】伝統を守り，その技を後世に伝える人々

■浮世絵摺《うきよえず》り
伊藤太郎

■紋章上絵《もんしょううわえ》
堀　宏之

■木工挽物《もっこうろくろ》
黒木昭夫
池　輝正

■理美容鋏《りびようばさみ》
新保欽二
重野由一

■表具《ひょうぐ》
佐野順一
佐野文夫

■桐箪笥《きりだんす》
林　正次
林　英知

■東京手描友禅《とうきょうてがきゆうぜん》
成沢泰昭

■漆工芸《うるしこうげい》
田中勝重

■銀器《ぎんき》
関　一夫
関　勝利

■和裁《わさい》
釼持　博
八木時人

■骨董修理《こっとうしゅうり》
鎌田民夫

■洗《あら》い張《は》り
田中直弘

■仏像彫刻《ぶつぞうちょうこく》
稲垣幹夫

■江戸切子《えどきりこ》
川辺勝久

■染《そ》め物《もの》
三ツ木秀男

■草木染《くさきぞ》め手織物《ておりもの》
藤山千春

■三味線《しゃみせん》
篠田靖吉

■提灯文字《ちょうちんもじ》
下田洋靖

■帯仕立《おびじた》て
溝口悌子

■金網《かなあみ》
蔦　勇作

■和竿《わざお》
大石　稔

■日本刺繍《にほんししゅう》
笹原木実

「伝統の技」ホームページ〈http://www.industry.city.shinagawa.tokyo.jp/dentoh/index.html〉

ステップ2　努力をして自分の道を自分で切り開いていくことが大切である。

ステップ3　トレーニング

●生き方，職業についての知識を身につけるために，次のことをクラスでやってみましょう。

・地域の一つの道を究《きわ》めている方をお招きして，生き方を聞いてみましょう。
・招いた方が技術を身につけるまでの苦労や努力について，よく聞いてみましょう。

▼

・考えたことをまとめて，発表してみましょう。

▲日本刺繍

▲江戸切子

ステップ4　実践《じっせん》・活用

●人生の先輩方の話を聞き，生き方や職業についての知識を広げていきましょう。

▲銀器

ステップ5　まとめ・自己評価

●人生の先輩の話から，努力することの大切さを知り，自分の生き方の参考とすることができましたか。
●5年生から7年生までの市民科を振《ふ》り返って，現時点での自分の人生設計や職業・進路設計を整理してみましょう。